*Je suis un Être d'Amour,
même si je l'ai parfois oublié.*

ÉDITIONS PAIX POUR TOUS
Lucie Marcotte - auteur
www.luciemarcotte.com
info@luciemarcotte.com

Conception graphique et mise en page
Lucie Marcotte

Publié au Québec, 4ième trimestre 2013

Tous droits réservés pour tous les payx
© Copyright 2013 - Lucie Marcotte

Dépôt légal
ISBN 978-2-924391-01-3
Quatrième trimestre 2013
Bibliothèque nationale du Canada
Bibliothèque nationale du Québec

Catalogage avant publication de Bibliothèque et Archives nationales du Québec et Bibliothèque et Archives Canada

Marcotte, Lucie, 1958-

Découvre ton totem : le cadeau d'Alex
ISBN 978-2-924391-01-3
1. Totems - Miscellanées. I. Titre.

BF1999.M37 2013   131   C2013-942590-X

Remerciements

Merci à mes guides et à la puissance d'Amour qui m'accompagnent, m'aident, m'enseignent et me guérissent au fil de mon cheminement.

Merci, merci et merci.

À tous les enfants...
Pour que les enfants puissent être ce qu'ils sont
Pour que l'Amour et la lumière rayonnent de tout leur Être
Pour que la Paix soit une façon d'être et de vivre
Pour que la Joie accompagne leur chemin

Lucie Marcotte

Découvre ton totem

Le cadeau d'Alex

 Éditions Paix pour tous

Préambule

Alex découvre son totem
Il découvre aussi la symbolique
de plus de 209 animaux, 122 arbres, 52 couleurs,
214 symboles, archétypes et de ses propres
messages de sagesse du coeur

Découvre ton totem. Alex fait la rencontre inattendue d'un grand sage. Au fil de leur rencontre, il enseigne et propose des outils pour reconnaître qui tu es, découvrir tes dons, forces et talents, accueillir la sagesse de ton coeur, et celle inspirée par les animaux, les arbres, les couleurs et autres symboles totem. Il t'invite à faire grandir ta confiance et estime de soi, ta connexion avec « la puissance de la Vie qui est plus grande que soi », ta force intérieure, et à utiliser ce que tu es pour créer un monde meilleur.

Dans certaines étapes et partages d'Alex et du grand sage, l'Amour est parfois nommé. Comme l'expérience de l'amour sur la Terre a de nombreux visages, Alex et le grand sage utilisent l'expression Amour-lumière pour nommer à leur façon l'amour inconditionnel (neutre, au point zéro, pur et libre) et la lumière du coeur. Si cette expression est inconfortable pour toi, sens-toi à l'aise d'accueillir la guidance de ton coeur pour te proposer un mot ou une expression qui te convient et qui a la même résonance.

À tous, je vous souhaite une merveilleuse lecture et un alignement vers la réussite de votre plus belle création : vous-même et votre vie !

Introduction
Alex découvre son totem

Alex aimait beaucoup lire. Il dévorait les récits où les personnages et leurs histoires l'inspiraient à se faire confiance, à découvrir ses forces et à construire un monde meilleur. Il aimait lire les livres qui animaient en lui le sentiment d'être une meilleure personne après les avoir lus. Il avait du plaisir à vivre intérieurement une belle aventure avec les personnages de l'histoire.

Ce jour-là, Alex furetait à la bibliothèque, dans les allées qu'il n'avait encore jamais explorées. Au premier regard, beaucoup de ces livres semblaient trop gros et trop sérieux pour lui. De la main, il frôlait les épines des livres appuyés les uns contre les autres. Ce contact était plutôt froid et sans intérêt pour lui… lorsque tout à coup, il toucha un livre duquel semblait se dégager une sorte de chaleur et de lumière qu'il pouvait ressentir même s'il ne la voyait pas.

Intrigué, il sortit le livre du rayon et en examina la couverture. Sur un fond de ciel étoilé, il y avait un totem aux mille visages et symboles. Le livre s'intitulait : « Le totem du Grand-père Révélation ». Quel étrange titre se dit-il.

En retournant le livre, il découvrit que la couverture arrière était blanche et que la description du récit était inachevée. Encore plus étrange.

Il ouvrit le livre et dans les premières pages, il prit le temps de découvrir les informations reliées au contexte d'édition de ce livre qui le fascinait de plus en plus. Le nom de l'auteur était « Le Grand-père Révélation et Gabriel L'Archange ». Il avait écrit ce livre en l'an -2000 et l'avait publié la première fois en l'an 837. Le livre qu'Alex tenait dans ses mains était une copie de la première édition. C'était un livre authentique extrêmement précieux et malgré son ancienneté, la qualité du papier et de l'imprimerie était remarquablement bien conservée, presque comme s'il avait été publié dans l'ère moderne.

C'était ensuite écrit que le livre avait été traduit dans toutes les langues qui existent et publié dans les formats appropriés à chaque culture. Alex était de plus en plus fasciné.

Au bas de la page, il y avait le petit logo associé aux droits d'auteur : le symbole ©, suivi des mots « Conscience planétaire ».

Alex se sentait éberlué. Il avait l'habitude de découvrir les livres en commençant par l'observation des couvertures avant et arrière, le nom de l'auteur, les contextes et caractéristiques d'édition comme la date de publication, le nom de l'éditeur, les droits d'auteur, les dates de réimpression, les langues de traduction, la dédicace, la table des matières, les premières et dernières pages du livre. Cette exploration lui inspirait généralement quelques mots clés émanant du livre. Et même s'il n'avait pas encore complété cette exploration, il ressentait déjà une attirance profonde à le découvrir totalement.

Il tourna la page. Dans le haut de la page suivante et écrit avec une calligraphie légère et artistique, il put lire :

À tous les êtres qui choisissent de se reconnaître
De s'aimer
D'aimer
D'être aimés
Et de créer dans l'unité de la vie
Et le respect des lois de l'Univers

Merci

Introduction

Il tourna la page de dédicace pour découvrir la table des matières. Elle était simple et bien dégagée. Il put y lire :

Le totem du Grand-père Révélation

Table des matières

Chapitre 1 - Qu'est-ce qui t'amène ici ?

Chapitre 2 - Qui es-tu ?

Chapitre 3 - Quel est ton totem ?

Chapitre 4 - Découvre les animaux totems

Chapitre 5 - Découvre les arbres totems

Chapitre 6 - Découvre les couleurs totems

Chapitre 7 - Découvre les symboles totems

Chapitre 8 - Soit qui tu es

Chapitre 9 - Dis merci

Sans s'en rendre compte, Alex s'était assis par terre au milieu de l'allée, et toute son attention était centrée sur la découverte de ce livre. Il sentait de plus en plus qu'un lien particulier était en train de s'établir entre lui et le Grand-père Révélation qu'il n'avait pas encore rencontré.

Alex tourna la page suivante pour lire la préface.

Le totem du Grand-père Révélation

Préface

« Bonjour. Je suis le grand-père Révélation. J'ai écrit ce livre par la main de Gabriel L'Archange il y a bien longtemps, juste pour toi. Si tu le découvres aujourd'hui, c'est parce que tu es prêt à te découvrir toi aussi.

Je t'invite à te préparer pour la lecture qui suit avec un exercice simple. Cela te permettra d'être plus disponible et de te déposer dans un espace paisible à l'intérieur de toi.

- → Prend d'abord trois respirations profondes en inspirant par le nez et en expirant par la bouche… 1… 2… 3…

- → Amène maintenant ton attention au niveau du cœur.

- → Ferme les yeux et continue de respirer en gardant ton attention centrée au niveau du cœur.
  Ajuste doucement ta respiration à un rythme 4-4-4, c'est-à-dire inspire …1 …2 …3 …4, retient …1 …2 …3 …4 et expire …1 …2 …3 …4
  Chaque temps correspond à une seconde. Si c'est trop long pour toi, tu peux compter des « petites secondes » et si tu as une grande capacité pulmonaire tu peux compter des « longues secondes ».

  L'important est simplement d'installer un rythme régulier et paisible dans ta respiration. Cela favorise l'équilibre et l'harmonie dans ton corps. L'inspiration et l'expiration permettent au système nerveux autonome sympathique et parasympathique de reposer et vivifier les cellules de ton corps. Cela favorise aussi la concentration, l'attention, l'apprentissage, le calme, la paix intérieure et l'expression sereine de ce que tu es et ce que tu veux partager. Apprendre à respirer, c'est une façon d'apprendre à vivre.

- → Si cela est difficile pour toi de te déposer calmement en respirant à un rythme régulier et avec ton attention centrée au niveau du cœur, il y a plusieurs types d'exercices que tu peux faire pour faciliter cet

Introduction

apprentissage. Par exemple, tu peux faire des exercices pour t'enraciner les deux pieds sur Terre, te centrer dans ton cœur, t'aligner avec la vie, choisir la paix et harmoniser les deux hémisphères de ton cerveau pour qu'ils collaborent tous les deux, main dans la main, à l'expérience de ce qui est le meilleur pour toi. Si tu fais ces exercices régulièrement ou quand tu en sens le besoin, tu pourras retrouver de plus en plus facilement ton état de maîtrise de toi-même et de vivre en harmonie avec ton cœur, avec ce qui est vraiment le plus important pour toi.

→ Mets maintenant tes deux mains sur ton cœur et demande-lui de t'inspirer et te guider vers le meilleur pour toi en lisant ce livre.

Prends le temps de voir et ressentir le soleil qui brille dans ton cœur. Laisse la puissante lumière et l'amour de ton soleil intérieur remplir tout ton corps jusqu'au bout des orteils, jusqu'au bout des doigts, jusqu'au bout de tes cheveux. Laisse-la maintenant s'amplifier à l'infini, comme si tu devenais un soleil toi aussi.

Voilà, tu es presque prêt pour lire la suite de ce livre.

Maintenant je vais t'expliquer un peu ce que tu trouveras dans ce livre qui a un format inhabituel.

Ce livre est interactif. Puisque le but est de t'aider à découvrir qui tu es, tu vas en écrire une partie ! Eh oui, tu deviens l'auteur de ta propre vie !

Lorsque tu verras les petits dessins ou , c'est pour indiquer que tu trouveras à la fin du livre, les pages sur lesquelles tu pourras écrire, dessiner ou lire les consignes d'une expérience pour toi, ou pour t'indiquer qu'il y a de petits espace que tu pourras colorier.

Tu auras besoin de crayons de couleur, en bois de préférence. Les premiers chapitres te guideront pour créer ton totem. Les chapitres 4, 5, 6 et 7 contiennent des références pour t'aider à comprendre le sens des animaux, arbres, couleurs et symboles que tu auras choisis. Les derniers chapitres t'aideront à accueillir les forces que tu auras découvertes en toi-même.

Voilà, maintenant amuse-toi à découvrir ton totem et à te découvrir toi !

Tu es un être merveilleux... Merci d'être toi. »

Le Grand-père Révélation

Alex était touché par la générosité et la bonté du Grand-père Révélation et de Gabriel L'Archange. Il avait très hâte de continuer sa lecture et de découvrir son totem.

Introduction

Chapitre 1
Qu'est-ce qui t'amène ici ?

« Bonjour ! Je suis le Grand-père Révélation » dit-il à l'enfant qui était devant lui. « C'est une belle journée ensoleillée ! Qu'est-ce qui t'amène ici ? »

Alex regardait le personnage qui était assis sur une grosse roche, les jambes croisées et la chevelure qui flottait doucement au vent. Il était émerveillé par la belle lumière qui enveloppait ce vieil homme au regard d'enfant. Il ressemblait à un soleil sur deux pattes !

« Ah ! ah ! ah ! » Sans avoir dit le moindre mot, Alex se mit à rire de bon coeur. Il ne savait pas pourquoi. Il sentait juste que c'était la joie en lui qui s'exprimait en riant.

« Qu'est-ce qui t'amène ici ? » répéta avec douceur le Grand-père Révélation.

Alex prit une grande respiration et vint s'asseoir sur la grosse roche, face à son nouvel ami. « En fait, je ne sais pas très bien » dit-il à son tour. « Je cherchais quelque chose à faire pour m'occuper, pour passer le temps, mais je n'ai pas encore eu d'inspiration satisfaisante et amusante. J'ai senti une irrésistible envie de venir ici sur cette grosse roche. Je viens ici lorsque j'ai besoin de calme et de paix dans mon coeur. Cet endroit est un jardin secret pour moi. Je suis souvent venu ici comme dans un monde imaginaire.

Je viens aussi quand j'ai de la peine, quand je ne me sens pas bien et malheureux ou quand je ne sais pas quoi faire. »

« Qu'est-ce qui t'amène ici ? » répéta à nouveau le Grand-père Révélation.

Alex fit un grand soupir suivi d'un long moment de silence. « Qu'est-ce qui m'amène ici aujourd'hui ?... Je ne sais pas précisément, mais ce que je sais est que j'aimerais cela me sentir bien et en paix avec moi-même, même si je n'ai rien à faire. »

« C'est déjà une bien bonne réponse » répondit le Grand-père Révélation.

Chapitre 1 - Qu'est-ce qui t'amène ici?

Chapitre 2
Qui es-tu ?

« Maintenant, reprit le Grand-père Révélation, dis-moi... qui es-tu ? »

« Eh bien, je suis un enfant. J'habite avec ma famille et mes frères et soeurs. Je vais à l'école du village. Je participe aux jeux et activités sportives organisées près de chez moi. J'aime aussi jouer sur l'ordinateur, regarder la télévision et jouer avec mes amis. J'aime me promener en vélo, me baigner et faire du ski l'hiver. »

Voyant que le Grand-père Révélation l'écoutait, il continua « J'aime le macaroni, le gâteau au chocolat de ma mère et les bonbons. J'aime aussi beaucoup les pommes, les cerises, les bananes, les ananas, les poires, les fraises, les bleuets et le melon d'eau. J'aime beaucoup d'autres fruits et légumes aussi. L'autre jour, j'ai mangé... »

« Stop ! » dit le Grand-père Révélation. « Tu me parles de ce qui est autour de toi et de ce que tu aimes, mais je ne sais pas encore qui tu es. Alors, dis-moi, qui es-tu ? »

« Euuuuuuhhhh... je ne sais pas quoi dire d'autre. »

« Qui es-tu ? » reprit avec beaucoup de douceur le Grand-père Révélation. « Si tu le savais, qu'est-ce que tu répondrais ? »

Il y eut un moment de silence comme si la question cherchait la réponse... ou comme si la réponse s'alignait vers la question, pour pouvoir émerger.

« Eh bien, je pense que je suis une belle personne même si parfois je ne m'aime pas ou si d'autres personnes ne sont pas gentilles avec moi. Dans mon coeur je sais que je suis beau et plein de rêves merveilleux, de forces et de talents. Dans mon coeur je sens qu'il y a beaucoup d'amour même si parfois je me dispute ou me chicane avec les autres pour toutes sortes de raisons. Quand cela arrive, je ne me sens pas heureux et je sais que je ne suis pas vraiment moi, surtout quand je me dis des choses qui ne sont pas gentilles à propos de moi dans ma tête ou que je laisse les autres me traiter avec méchanceté et que je les crois ou que j'ai peur. Je pense que je suis moi quand je suis dans l'amour et que c'est l'amour qui est vivant en dedans de moi. »

« Alors qui es-tu ? » redit le Grand-père Révélation.

« Je suis un être d'Amour, même s'il m'arrive de l'oublier. »

… *Chapitre 2 - Qui es-tu?*

Chapitre 3
Quel est ton totem ?

Le Grand-père Révélation lui fit un grand sourire. « Quel est ton totem ? »

« Quel est mon totem ? Je ne savais pas que j'avais un totem. »

« Oui bien sûr. Tout le monde a un totem. Tout le monde a un chant. Tout le monde a une énergie, une odeur, son propre goût de la vie. Ce sont des façons de représenter l'expérience que tu vis sur la Terre. »

« C'est vrai ? »

« Oui. Ce sont des façons symboliques de représenter ce que tu vois, entends, ressens, sens et goûtes, et les perceptions que tu as de toi-même et de ta vie sur la Terre. Ce sont aussi des sortes de miroirs pour t'aider à prendre conscience de qui tu es vraiment et découvrir tes dons, forces et talents. Il y a beaucoup plus de richesse en toi que ce que tu imagines. Ce que tu perçois est comme la pointe d'un iceberg, mais en dessous il y a un énorme potentiel qui attend juste que tu le découvres et l'aide à émerger. »

« C'est intéressant ce que tu m'apprends Grand-père Révélation. Si je comprends bien, ce n'est pas seulement dans mon imagination que j'ai des dons, forces et talents et que je suis un être d'Amour. C'est vraiment vrai ! »

« Oui, tu as bien compris. »

« Alors peux-tu m'enseigner à découvrir mon totem ? »

« Oui, avec plaisir. » Il se retourna et prit le sac tressé avec des lanières de cuir qu'il avait déposé derrière lui. Dans un mouvement serein et presque sacré, il détacha la languette et ouvrit le sac. Il en sortit une boite de crayons de couleur et une tablette de papier blanc. Il sortit également un petit contenant rempli d'odeur de lavande pure qu'il ouvrit pour en laisser le parfum danser dans l'air autour de lui et d'Alex. Il sortit aussi une gourde remplie d'eau de source pure et vivifiante avec deux petits verres.

« Bois cette bonne eau » dit-il en offrant un verre rempli à Alex. « L'eau nourrit la vie dans notre corps et elle aide nos cellules à bien s'alimenter, se nettoyer et communiquer entre elles. L'eau est essentielle à la vie. Elle est comme l'essence-ciel ou l'essence du ciel sur la Terre. Quand tu bois ou entres en contact avec l'eau, prends le temps de lui dire merci dans ton cœur. Tu n'as pas besoin de beaucoup de mots. Juste «merci» suffit. L'eau a sa façon à elle te ressentir la gratitude qui émerge de toi. »

« Très bien » continua le Grand-père Révélation alors qu'Alex déposait son verre vide.

« Maintenant, assois-toi confortablement. Prends trois grandes respirations. Inspire par le nez et expire par la bouche... Amène ton attention au niveau du cœur et continue de respirer à un rythme régulier et paisible. Demande à ton cœur de te guider vers le meilleur pour toi et de t'aider à découvrir ton totem personnel. »

« Commençons avec la première étape.

Chapitre 3 - Quel est ton totem?

→ Si nous faisions un grand totem avec des animaux symboliques, quel animal choisirais-tu pour te représenter ? »

Alex ferma les yeux quelques instants, comme pour laisser les yeux de son cœur regarder l'animal qui venait vers lui. Quand il le vit, Alex fit un grand sourire en se disant « Oh oui, c'est ça ! » et il écrivit le nom de l'animal sur la feuille blanche.

« Maintenant...

→ Écris dix qualités que tu reconnais de cet animal. »

Spontanément, Alex se mit à écrire les qualités de cet animal qu'il semblait connaître comme un vieil ami. Au début cela fut très facile, puis il eut besoin d'un petit moment de répit en respirant doucement pour compléter la liste des dix qualités.

« Très bien » dit le Grand-père Révélation. « Continuons maintenant avec la deuxième étape.

→ Prend une autre feuille blanche et avec tes crayons de couleur, fais un dessin incluant :

- toi-même
- un arbre
- l'animal totem que tu as choisi pour te représenter
- les animaux qui t'inspirent de la force intérieure, de la sagesse, de l'équilibre et ce qui te permet d'être bien dans ta peau
- les couleurs que tu aimes et qui te font du bien. »

Le Grand-père Révélation avait fermé les yeux pendant qu'Alex avait fait son dessin. Il semblait dormir, mais en réalité il regardait Alex avec les yeux du cœur et l'accompagnait par sa présence aimante et paisible.

Lorsqu'Alex eut terminé son dessin et déposé ses crayons, il lui dit :

« Merveilleux Alex ! Prends à nouveau trois grandes respirations. Inspire par le nez et expire par la bouche... Conserve ton attention au niveau du cœur et continue de respirer à un rythme régulier et paisible. Regarde maintenant ton dessin et prends un petit recul pour le regarder dans son ensemble. Laisse ton cœur et tout ton être t'enseigner ce qu'il t'apprend sur toi-même, ici et maintenant. Si tu le ressens dans ton cœur, tu peux faire des ajustements sur ton dessin. »

Le Grand-père Révélation prit à son tour une profonde respiration et referma les yeux, comme pour laisser Alex s'observer dans son espace d'intimité.

Alex regardait son dessin en déplaçant son regard de tous les côtés. En se rapprochant et s'éloignant, il s'aperçut que cela lui offrait des perspectives différentes et qu'il observait des choses différentes, de l'ordre du détail jusqu'à l'image globale.

Il se dit en lui-même : « C'est intéressant, je n'avais pas imaginé que le fait de changer ma façon ou ma position pour regarder quelque chose m'inspirerait des informations et des perceptions différentes sur cette même chose. Hum... c'est intéressant. »

Alex s'apercevait graduellement que son arbre n'avait pas de racines, qu'il s'était dessiné comme s'il flottait dans les airs, qu'il avait choisi un animal féroce pour le représenter, mais que tous les autres animaux sur son dessin étaient des animaux très doux. Il s'aperçut aussi que dans le ciel qu'il avait dessiné, il y avait beaucoup de nuages, mais pas de soleil. C'était de grandes révélations pour lui.

Il reprit alors ses crayons de couleur. Il ajouta des racines à son arbre, fit des ajustements au paysage pour avoir les deux pieds sur terre, ajouta un soleil avec de magnifiques rayons de lumière et des fleurs souriantes avec le signe de la paix sur leurs feuilles. Il ne se sentait plus dans le même état. Sans s'en rendre compte, il souriait et se sentait heureux de ce qu'il venait de créer pour lui-même.

C'est comme si inconsciemment, Alex avait ravivé la flamme de l'espoir dans son cœur. Il ressentait la certitude qu'il avait le droit, la capacité et la possibilité d'être vraiment heureux et en paix, et de vivre une belle vie en étant lui-même, ici, les deux pieds sur Terre. Il venait de réaliser qu'il était un créateur et qu'en étant relié à la vie, il avait la force intérieure nécessaire pour vivre les expériences qui se dessineraient sur sa route.

Chapitre 3 - Quel est ton totem?

C'était une grande révélation.

Il ferma les yeux à son tour, en déposant doucement ses mains sur son cœur. Il se sentait vraiment léger et joyeux. Un sentiment de profonde gratitude montait en lui et dans un élan de joie spontané, il se retourna vers le Grand-père Révélation pour lui faire un très gros câlin ! Son esprit était à la fête ! Et il se mit à parler à toute vitesse pour partager avec lui ce qu'il venait de vivre et de découvrir à propos de lui-même.

Le Grand-père Révélation l'écouta avec beaucoup de présence et de compassion. Lorsqu'Alex eut terminé son partage, il lui demanda :

« Est-ce que tu aimerais apprendre d'autres choses sur toi-même, à partir de ce que ton dessin et ton animal totem peuvent te révéler ? »

« Oh oui, bien sûr ! » répondit Alex.

« Alors, quel animal totem as-tu choisi ? »

« Un tigre ».

« Et quelles sont les dix qualités que tu as écrites pour le décrire ? »

Alex prit la feuille sur laquelle il les avait écrites, et lu à voix haute : « la force, la douceur (j'aimerais pouvoir le flatter), la puissance, l'énergie, l'agilité, le repos, la vision à la fois large et très précise, la concentration, l'autonomie et le jeu ».

« Toutes ces qualités sont déjà en toi Alex. Certaines de ces qualités sont déjà bien développées, d'autres sont en émergence, et d'autres sont encore endormies, mais bien présentes en toi, sinon tu n'aurais pas pu les voir dans l'animal totem que tu as choisi pour te représenter. »

« Wow ! C'est vrai ? J'ai vraiment toutes ces forces déjà en moi ? Je ne savais pas que j'avais autant de potentiel. C'est génial ! » s'exclama Alex.

« Oui c'est bien vrai ! »

« Grand-père Révélation, demanda Alex, est-ce que cela veut dire que toutes les personnes ont aussi plein de potentiel, même si parfois elles l'ont oublié ou ne le savent pas ? »

« Oui Alex ».

« Grand-père Révélation, si je comprends bien, est-ce que cela veut dire que si plus de personnes en étaient conscientes, nous pourrions nous entraider pour que les forces de chacun puissent émerger harmonieusement ? »

« Oui Alex ».

« Wow c'est super. Ça me redonne espoir qu'il puisse y avoir plus de paix et de gens heureux sur la Terre. »

« Oui Alex. Tu as un grand cœur plein d'amour. Vois-tu comment tu viens de faire le lien entre ce que tu viens de découvrir pour toi et ce qui est possible pour la Terre ? C'est comme le tigre qui a une vision à la fois très large et très précise, comme tu l'as dit plus tôt. Ce n'est qu'un exemple qui te montre que ces qualités sont vraiment présentes en toi. Et comme le tigre, tu as toi aussi ta façon personnelle de les manifester dans ta vie. »

« Oh merci Grand-père Révélation ! Ce que tu m'enseignes est très précieux. Merci ! »

Le Grand-père Révélation ajouta : « Maintenant, regardons ensemble ton dessin. Les arbres, les animaux, les éléments de la nature, les couleurs et tout ce que tu as dessiné parlent aussi de toi. Comme pour ton animal totem, tu les as intuitivement choisis et dessinés parce qu'ils parlent de toi, de ce que tu vis, et de comment tu vis ce que tu vis. »

« Un instant Grand-père Révélation. Il y a beaucoup de choses dans ce que tu viens de me dire ».

« Oui Alex. Redis-moi à ta façon ce que tu viens d'entendre. Cela va permettre de vérifier si nous nous sommes bien compris. »

« Eh bien, j'ai entendu que les arbres, les animaux, les éléments de la nature, les couleurs et tout ce que j'ai mis dans mon dessin sont des sortes de symboles pour m'aider à prendre conscience de mes forces intérieures, comme c'était le cas avec le tigre pour moi. J'ai aussi entendu qu'ils parlent de ce que je vis en ce moment. »

« Oui c'est bien cela ».

Chapitre 3 - Quel est ton totem?

« Si je comprends bien, si je dessine un animal blessé par exemple, cela pourrait me montrer que quelque chose en moi se sent blessé et a besoin d'être guéri, et si je dessine un paysage triste, cela pourrait me refléter que j'ai besoin de laisser la joie émerger dans ma vie. »

« Oui Alex, c'est tout à fait cela. Et comme tu l'as bien dit il y a quelques instants, ce sont des symboles pour toi. Les symboles sont des représentations uniques pour chaque personne. Ce que toi tu dessines pour représenter un sentiment ou ce que tu vis pourrait être dessiné de mille et une autres manières par d'autres personnes, parce que chacun a sa façon de vivre de qu'il vit. »

« Si je comprends vraiment bien, les symboles que j'ai utilisés décrivent comment je vis ma vie ici et maintenant. Cela veut dire qu'ils parlent de ce que je vois, ce que j'entends, ce que je sens, goûte et ressens avec mon corps et mes sentiments. Ils parlent aussi de l'intuition qui vient de mon cœur, et qui agit comme un miroir pour me montrer comment je vis ce que je vis. Et si j'ai bien compris, c'est ce dont je prends conscience qui m'inspire à faire des ajustements comme je l'ai fait tantôt, en ajoutant des racines à mon arbre ou en me mettant les deux pieds sur Terre par exemple.

« Oui Alex ».

« Alors s'il-te plaît, continu Grand-père Révélation. Tu es un cadeau dans ma vie ! Tiens, je pense que je vais rajouter un cadeau dans mon dessin ! »

« Merci Alex. Continuons à regarder ton dessin. Tu as dessiné un bel arbre et plusieurs animaux. Et ton dessin est très coloré... »

Alex et le Grand-père Révélation continuèrent leur conversation pendant plusieurs minutes. Et quand ils eurent terminé ce beau moment de partage, Alex ajouta :

« Grand-père Révélation, tout ce que tu m'apprends est vraiment très intéressant. Est-ce qu'il y a des livres où je pourrais avoir plus d'information pour comprendre les messages des arbres, animaux, couleurs et symboles que je mets dans mes dessins ? »

« Si tu vas à la bibliothèque, tu vas trouver plusieurs livres qui abordent ces sujets. Cependant, souviens-toi que les symboles sont des représentations uniques pour chaque personne. Tu pourrais procéder de la même façon que tu l'as fait en identifiant l'animal totem qui te représente et en identifiant ses qualités. Ainsi tu pourrais nommer et prendre conscience des qualités et du potentiel qui est en toi et que tu as reconnus dans les arbres, animaux, couleurs, symboles, et tout ce que tu as mis sur ton dessin. Cela pourrait être intéressant, mais en réalité, la plupart du temps ce n'est pas nécessaire.

Souviens-toi de ce que tu as fait tantôt. Après avoir terminé la première version de ton dessin, tu as pris trois grandes respirations en inspirant par le nez et en expirant par la bouche. Puis tu as continué en respirant à un rythme régulier et paisible, et en conservant ton attention au niveau du cœur. Ensuite, tu as laissé ton cœur et tout ton être te révéler ce que ton dessin pouvait t'apprendre sur toi-même, et même t'inspirer des ajustements. Tu vois Alex, ton cœur a ses façons de te guider vers ce qui est bien et bon pour toi. »

« Cela veut dire que je n'ai pas besoin de tout analyser et tout comprendre avec ma tête ? »

« Oui, exactement. Souvent, c'est préférable de faire confiance à ton intuition, parce que ton cœur peut agir avec plus de légèreté et de liberté pour t'inspirer et te guider vers le meilleur pour toi. »

« Mon cœur est comme un grand sage ! »

« Oui Alex. Ton cœur est comme un grand sage et un grand chef d'orchestre. Lorsque c'est lui qui guide et inspire la musique, les musiciens qui sont tes dons, forces, talents et le potentiel de ton cerveau et de tout ton corps, peuvent jouer ensemble une mélodie harmonieuse pour toi. Avec des mots simples, ce que je viens de te dire est une façon d'exprimer que ton cœur va toujours te guider et t'inspirer avec sagesse et harmonie.

S'il est nécessaire pour toi d'avoir plus d'informations sur les symboles de tes dessins, il saura te guider vers un livre, une personne, une chanson, une conversation ou une expérience dans laquelle tu trouveras réponse à tes questions. »

« Grand-père Révélation, j'aime beaucoup cette image. Je suis content que ce soit mon cœur sage qui soit le chef d'orchestre dans ma vie. »

« Oui Alex. Et pour continuer de répondre à ta demande, je vais te faire un

Chapitre 3 - Quel est ton totem?

cadeau spécial. Je vais te partager quelques informations que j'ai rassemblées et simplifiées au sujet des animaux, des arbres, des couleurs et des symboles. Il n'y aura pas de texte, seulement des mots-clés. Peut-être qu'ils pourront inspirer ou guider une parcelle de tes réflexions pour éveiller les véritables réponses qui se trouvent déjà en toi. Est-ce que cela te convient ? »

« Oh oui Grand-père Révélation ! C'est vraiment généreux de ta part et je l'apprécie beaucoup. Je vais les utiliser avec sagesse comme tu me l'as enseigné. »

« Merci Alex. »

Le Grand-père Révélation sorti alors de son sac fabriqué avec des lanières de cuir tressé, de petits documents qu'il remit à Alex.

Chapitre 4
Découvre les animaux totem

« Alex, est-ce que tu as déjà vu un totem ? »

« Eh bien, j'en ai vu plusieurs fois dans les livres ou des films, et j'en ai vu un qui était sculpté dans un tronc d'arbre et coloré, dans un parc lors des dernières vacances. Mais je ne connais pas beaucoup l'histoire et l'origine des totems. »

« Alors Alex, je vais t'en glisser quelques mots. Le mot totem est un mot qui vient de la culture des Algonquins. Dans cette tradition, le mot totem signifie « le gardien personnel »
ou « la puissance qui apporte la protection ».

Le totem était souvent représenté par des sachets de médecine et par des images, des animaux ou des symboles peints sur les vêtements ou sur des objets personnels. Dans cette culture, le totem est personnel à chaque individu, et n'est pas relié à l'hérédité, la lignée ancestrale ou la collectivité dans laquelle la personne vit. C'est une représentation du lien qui unit chaque personne avec « la puissance de la Vie qui est plus grande que soi ».

Plusieurs autres cultures et groupes de personnes ont emprunté l'essence de cette tradition. L'esprit de chaque animal y est considéré comme un guide qui peut communiquer avec les êtres humains pour nous protéger, nous enseigner, nous aider à développer nos dons, forces et talents, pour éveiller notre conscience, et vivre en harmonie avec la vie.

Les animaux totems représentent de façon symbolique les caractéristiques de chaque personne d'un groupe ou d'une collectivité. Ils permettent de reconnaître et d'encourager le respect du caractère, des qualités, des habiletés, des vulnérabilités, de l'essence et du potentiel de chacun.

L'appel à la sagesse apportée par les animaux totems permet de favoriser la bienveillance dans les relations humaines, l'expression et l'écoute du point de vue de chacun, et la résolution paisible des conflits.

Cette façon d'être en lien les uns avec les autres, est appelée interdépendance. Elle permet d'arriver graduellement à des solutions de consensus qui sont satisfaisantes pour tous. Elle permet aussi d'encourager chaque personne à ouvrir son coeur avec compassion envers elle-même et envers les autres personnes, les générations passées et futures, les plantes, les animaux, l'environnement, les éléments, les minéraux, la mère Terre, le père Ciel, la vie, et tout ce qui est.

Alors tu vois Alex, les totems étaient initialement une façon symbolique de représenter ce qui unit chaque personne à « la puissance de la Vie qui est plus grande que soi ». Et puis ils ont été utilisés pour aider les personnes à trouver leur propre « médecine animale symbolique » et se relier à l'essence de cette médecine pour développer sagement leur potentiel, et avoir une contribution positive et bienveillante au sein de leur famille, leur communauté et de la vie en général.

Ensuite, plusieurs groupes de personnes ont commencé à créer des totems qui représentent « les gardiens et puissances de protection » de leur famille, de leur collectivité ou d'un groupe de personnes qui sont unies par un lien commun. Ces totems collectifs sont souvent devenus des emblèmes, des symboles d'appartenance sociale. »

« Ah, je comprends mieux ce qu'est un totem. Et je trouve que c'est une façon très intéressante d'encourager la reconnaissance de ce qui est merveilleux et sacré en soi, et de ce qui est merveilleux et sacré en toutes personnes et tout ce qui est. C'est aussi une très belle façon d'honorer et de se relier à « la puissance de la Vie qui est plus

Chapitre 4 - Découvre les animaux totem

grande que soi ».

Il y eut un petit moment de silence, puis Alex reprit la parole et demanda:

« Est-ce que tous les animaux peuvent être des animaux totems?»

« Les animaux sauvages qui vivent dans leur état naturel comme les mammifères, les oiseaux, les reptiles, les insectes et araignées sont tous des animaux totems.

Les animaux domestiques ont souvent été humanisés, alors s'ils peuvent t'accompagner en tant qu'animal totem, tu peux aussi faire appel à leurs ancêtres sauvages si tu veux connaître les caractéristiques de leur essence profonde. Par exemple, tu pourrais trouver une résonance entre le chat et le lion, le tigre, la panthère ou le lynx, et tu pourrais trouver une résonance entre le chien et le loup, le renard ou le coyote.

En observant le comportement et la vie des animaux totems, tu peux avoir beaucoup d'indices sur ce qu'ils peuvent t'enseigner et de quelle façon ils peuvent t'accompagner pour être qui tu es, pour développer tes dons, forces et talents, et les mettre à contribution pour le plus grand bien autour de toi.

Par exemple, il y a des animaux totems qui sont solitaires, d'autres qui vivent en famille ou en clans. Il y en a qui sont plus craintifs, timides, des proies, il y en a qui sont plus agressifs, territoriaux, et prédateurs. Il y en a qui sont plutôt neutres, modérés, ou qui s'adaptent facilement à différents contextes ou conditions de vie.

Certains sont herbivores, d'autres sont carnivores, piscivores ou omnivores. Il y en a qui sont sédentaires, d'autres sont des migrateurs saisonniers ou qui changent de lieux de vie seulement lorsque c'est nécessaire.

Il y en a qui sont très autonomes, et d'autres qui vivent en coopération, en communauté ou en hiérarchie. Les petits peuvent être élevés par les mères, les deux parents, la famille ou la communauté.

Tu peux aussi apprendre beaucoup en observant comment leur vie est organisée, quels sont leurs rituels pour l'accouplement, la naissance et le soin des petits, l'éducation, l'apprentissage de l'autonomie, les initiations de passage à l'âge adulte, le vieillissement, la mort, etc. »

« C'est vrai que les animaux totems sont d'excellents enseignants ! »

« Oui Alex. »

« Tantôt, tu m'as proposé de respirer calmement et profondément, puis de centrer mon attention dans mon coeur et de laisser venir à moi mon animal totem. Est-ce que c'est la seule façon de découvrir quel est notre animal totem?»

« C'est une belle question Alex. En fait, il y a plusieurs façons de rencontrer ou découvrir ton animal totem. Comme c'est un guide de sagesse, il se présente à toi au moment approprié dans ta vie.

Parfois, il peut se présenter intuitivement à la mère pendant la grossesse ou lors de l'accouchement, pour l'aider à mieux t'accompagner dans ton éducation et chemin de vie. Parfois il peut se présenter à toi intuitivement comme c'est arrivé pour toi tantôt, et parfois il peut se présenter par une expérience ou une rencontre que tu peux vivre avec cet animal dans ta vie.

Il peut aussi se présenter à toi pendant un rêve, une méditation, une quête de vision, un signe, un événement inattendu, une rencontre surprise. Parfois il peut se présenter à toi pendant les étapes de passage de ta vie lorsque tu es un enfant, lorsque tu passes de l'enfance à l'adolescence, de l'adolescence à l'adulte, de l'adulte à l'aîné, lorsque tu traverses le passage d'une expérience de maladie à la guérison, ou lors d'un événement significatif et important pour toi, etc.

Quel que soit l'animal totem qui se présente à toi, c'est un cadeau sacré. Tous les animaux totems ont une place dans le monde et c'est par l'équilibre de la diversité et des dons, forces et talents de chacun que l'harmonie peut exister sur la Terre. »

« Merci, je suis vraiment heureux d'apprendre tout cela. Grand-père Révélation, j'ai une autre question. Est-ce que nous avons seulement un animal totem ou est-ce qu'il peut y en avoir plusieurs?»

« D'autres animaux totems peuvent également t'accompagner comme des guides, des amis pour certaines périodes ou étapes de ta vie. Tantôt, lorsque tu as fait le dessin qui te représente, tu aurais pu y ajouter d'autres animaux qui t'inspirent, qui sont des exemples de certaines qualités et forces que tu veux développer en toi. Tu pourrais y ajouter des animaux qui t'aident à te sentir bien par rapport à toi, aux autres et à la vie. Tu pourrais y ajouter des animaux que tu aimerais avoir comme

Chapitre 4 - Découvre les animaux totem

amis, qui t'inspirent à faire émerger le meilleur de toi-même et à être heureux.

Tu pourrais aussi y ajouter des animaux qui t'aident à faire certains apprentissages, à relever les défis que tu rencontres, à trouver des solutions, à transformer ce qui te fait peur, les émotions, les malaises et les maladies que tu peux expérimenter temporairement, ou qui peuvent t'aider à guérir et avoir une nouvelle vision des choses et de la vie. Tu aurais pu également y ajouter des animaux qui se présentent dans ton coeur, même si tu ne sais pas encore consciemment de quelle façon ils peuvent être des guides ou veiller sur toi.

Tu vois, il peut y avoir plusieurs animaux totems qui t'accompagnent pour certains passages ou périodes de ta vie, même si tu as un animal totem principal qui représente l'essence de la vie en toi et qui t'aide à rester bien aligné dans le plus beau des chemins pour toi: le tien. »

« Merci beaucoup. Merci. »

« Alors Alex, je t'offre maintenant une liste regroupant le nom de quelques animaux et des mots clés pour décrire certains de leurs dons, forces et talents. Cette liste est bien petite, car en réalité, il y a des milliers d'animaux différents qui vivent sur la terre.

Je vais aussi te donner quelques indices pour comprendre d'autres aspects de leurs présences dans ton dessin. Par exemple, sur le plan physique, ils peuvent aussi être reliés symboliquement au système musculaire, à l'énergie et aux types de mouvements qui sont importants ou qui seraient bénéfiques pour t'aider à agir à ce moment-ci de ta vie.

Tu peux aussi observer l'équilibre des animaux totems que tu as représenté qui vivent dans les airs, dans l'eau, sur la terre, sous la terre et les animaux imaginaires. À leurs façons, ils peuvent être des indices symboliques de ton confort actuel avec les éléments de l'air, de l'eau, la terre, le feu et l'éther.

Alors, voilà maintenant cette première liste. »

	Animaux totem	**Mots-clés symboliques**
1.	Abeille	Fertilité, choix spirituel, amour nouveau, structure, organisé, priorités, amène le ciel sur la Terre par la création du miel, transformation pour créer de la douceur (miel), de la richesse (miel couleur d'or) et la complétude (miel nourrissant), union concrète entre le ciel et la terre, clarté, discipline et respect de règles pour apaiser les inquiétudes fondamentales de l'Être, éveille la paix
2.	Aigle	Esprit, vision, pouvoir, guérison, puissance, roi des oiseaux, messager du soleil, messager divin, passion, développer des bases solides avant de s'élever, pensées élevées et positives, volonté, environnement et équilibre, peut planer en douceur et amener ses proies dans des lieux où il peut les saisir brusquement
3.	Alligator Caïman	Force sans retour, passage mort et renaissance, rythme et harmonie avec le respect des lois de l'univers, lien avec l'eau, émotions de transformation fondamentale
4.	Alouette	Évolution et involution, élévation rapide vers le ciel et se laisse brusquement tomber vers la terre, cycle des passages terre-ciel, polarités, médiation entre les extrêmes, chant joyeux, élan vers la joie, transparence, excellence
5.	Alpaga	Altitude, adaptation, spiritualité en restant bien enraciné sur Terre, protection vers la voie du milieu, évite les extrêmes, met ses limites
6.	Âne	Ignorance, renversement, bases premières, bêtise, support conscient et inconscient, périples et chemins sinueux vers le sommet et la lumière
7.	Anguille	Incertitude, dissimulation, messager de ce qui est caché, mouvement émotionnel rapide, transformation des émotions, se lance joyeusement dans la vie, se recentre dans la vie s'il s'est momentanément éloigné
8.	Antilope	Action, souplesse, capacité de faire de grands sauts, prestance, élégance, légèreté, rapidité de mouvement et changement de direction, vigilance pour prendre soin de soi

Chapitre 4 – Découvre les animaux totem

	Animaux totem	**Mots-clés symboliques**
9.	Ara	Énergie du soleil, plume guide, sommet, quête céleste, tempérament de feu, couleur tonique, difficile à apprivoiser même s'il a une belle apparence
10.	Araignée	Tissage, intuition, destinée, harmonie, juste milieu, approfondissement des relations, pattern de vie créatif
11.	Autruche	Équité, vérité, maître de lumière, ordre universel fondé sur la justice, évite ou détourne son regard du danger et de ce qui est faux
12.	Baleine	Archiviste, nouvelles profondeurs créatives, confiance aux perceptions, sources de bénédiction, sagesse, gardien des connaissances de lumière
13.	Barracuda	Déplacement gracieux, tendre sous son déguisement, mobile, se fond dans l'unité d'un groupe, réaction de barrage lorsqu'il a peur
14.	Belette	Dérobade, opportunisme, fluidité, vigilance, défense du territoire, farouche
15.	Bélouga Canari des mers	Pacifique, familial, dévoué, rire, compassion, chant, conscience, change de couleur avec la maturité, grosse couche de protection, sang chaud dans un environnement froid, accumule les couches de l'âge dans la peau et les dents (analogue aux anneaux concentriques qui indiquent l'âge des arbres)
16.	Biche	Instinct, beauté, préserve la tranquillité de l'amour, lumière sacrée, nourricière des enfants innocents, énergie féminine pas totalement acceptée (refoulée, interdit, peur, infantilisme, infériorité, domination de l'énergie masculine)
17.	Bison	Prière, puissance, abondance, prospérité nouvelle, gratitude, sacré de la vie, réussite
18.	Blaireau	Dynamisme, autonomie, actif, pratique, intérêt pour les sciences holistiques, discrétion

Découvre ton totem

	Animaux totem	Mots-clés symboliques
19.	Boa	Constriction, puissance, transformation de grande envergure, respect dans son monde, patience
20.	Bœuf Buffle	Bonté, calme, force paisible, détachement, service à l'humanité, sauvage et apprivoisé, sacrifice de soi
	Bœuf - Buffle (suite)	récompense les efforts, endurance à l'extrême (à adoucir et équilibrer), désir de vivre et d'être vivant
21.	Bouc	Puissance, force vitale, virilité, fécondité, libido, dramatique, tragique, feu d'où naît la vie nouvelle, élan vital généreux
22.	Buse	Vision aiguisée, alternance tranquillité et action intense, va directement au but, focus, alerte à ce qui se passe dans son environnement
23.	Cachalot	Connaissance ancestrale, porteur de lumière, grande réserve, aide à l'humanité, voyage terre-ciel, grandes émotions englouties, besoin de refaire surface pour respirer, puissance intérieure qui veut émerger
24.	Caille	Chaleur, migration, vol de nuit, lumière libérée dans la nuit, rythme saisonnier, caractère cyclique
25.	Caméléon	Changement, adaptation, camouflage, vie spirituelle active, action rapide, milieu en changement, fondation relationnelle, rythme interne, avidité de se nourrir, harmonie
26.	Canard	Union, félicité conjugale, masculin et féminin qui avancent ensemble, expression des vœux reliés à la famille, versatile sur la terre-eau-ciel, potentialités riches, possibilités, existence vivante et forte, inviter à se réchauffer du froid
27.	Cardinal	Guérison du cœur, retrait et libération des épines, chant, son, musique, présent mais pas nécessairement visible, énergique et brille de tout feu lorsqu'il est visible, sens de l'orientation

Chapitre 4 - Découvre les animaux totem

	Animaux totem	**Mots-clés symboliques**
28.	Carpe	Discrétion, archétype (avec le cercle, le centre et la croix), bon augure, longévité, lien avec l'immortel, persévérance, courage, succès dans les domaines intellectuels, aime s'amuser, humour, enthousiasme, tourne sur elle-même comme une danse libre et heureuse, ignorance, immobile face à la mort
29.	Castor	Bâtisseur, grande puissance d'action, poursuite des rêves, importance, protection et entretien du nid familial, régulation des flots émotionnels, propulsion optimum
30.	Cerf Wapiti	Panache comme un arbre de vie, fécondité, enfant pur et libre, renaissance, rythmes de croissance, douceur, rapidité, messager de lumière, pureté, valeur humaine, trace un chemin vers la lumière céleste, recherche une base et des fondations solides
31.	Chacal	Lien à la mort, sentiments et sensations exacerbées, voyage de la mort vers un autre monde, hors du centre, violence par manque d'amour de soi, force de lumière intérieure non maîtrisée, peur et ses dérivés
32.	Chameau	Sobriété, caractère difficile, tempérance, caravane, monture, aide à traverser le désert, avance pour atteindre le centre caché, réserve d'eau
33.	Chat	Douceur, transmutation, sommeil réparateur, force, agilité, retour à l'équilibre, pont entre le visible et l'invisible, chasse, limites et défense du territoire, clairvoyance, amour inconditionnel, propreté
34.	Chauve-souris	Renaissance, vérité visible, perceptions nouvelles, évolution, caractère fou, voyage dans le noir pour atteindre le bonheur, culte de la santé, inversion du corps, préparation pour une bonne mort
35.	Chenille	Chance, nouvelle naissance, préparation avant le début d'un projet, calme, douceur, prudence, cycle, respect des étapes de transformations avant de devenir papillon et prendre son envol

	Animaux totem	Mots-clés symboliques
36.	Cheval	Structure, puissance, mouvement, équilibre, liberté, maîtrise de soi, autodiscipline, équilibre, dignité, noblesse, mobilité, liberté de vie à l'état naturel, service à l'humanité, rite d'initiation, optimisme, apprendre à se choisir avec gratitude
37.	Chèvre	Agilité, goût de la liberté, potentiel présent et pas encore manifesté, instrument céleste pour nourrir, au service de la vie sur terre
38.	Chevreuil	Douceur, activités nouvelles, goût pour les études, changement pratique pour le mieux, stabilité, sagesse, fondations solides, se construit pour se sentir protégé et en sécurité, passage de l'âme humaine
39.	Chien	Fidélité, amitié, partenariat, équipe, guide de la nuit vers le jour et de la mort vers la vie, intermédiaire entre les mondes, compagnon, gardien vigilant de l'homme et sa demeure, sensualité
40.	Chouette	Nocturne, connaissance rationnelle, clairvoyance, compréhension symbolique, beauté invisible de la vie et de la mort, sagesse
41.	Cigale	Chant, joie d'enfant, cadeau de cœur, intérieur, complémentarité, cycle silence de la nuit et expression le jour, manifestation des dualités
42.	Cigogne	Bonne nouvelle, apporte la nouveauté et les nouvelles vies, migration, retour avec le réveil de la nature, contemplation, solitaire, immortalité
43.	Cobra	Décisions, actions vives, éveil des sens, intuition, transformation, prise de position visible
44.	Coccinelle	Vœu exaucé, réalisation des rêves, chance, bonheur nouveau, confiance et foi en plus grand que soi, envol, force de vie, cercle de la vie
45.	Cochon d'Inde	Expérience, complicité de comportement, facile à loger, compagnon ancestral, nourricier, survie, craintif, ronge tout

Chapitre 4 - Découvre les animaux totem

	Animaux totem	**Mots-clés symboliques**
46.	Coléoptère	Décisions pour les projets, bonne voie, poursuivre un but, démarches protégées, déployer ses ailes
47.	Colibri Oiseau-mouche Baise-fleur	Joie, messager, porteur de lumière, persévérance, constance, mobilité, sauve l'humanité de la famine par son action sur la germination, création et croissance, opportunités, réalisation des rêves, plénitude, feu de l'action, beauté, attiré par le soleil, la chaleur, le rouge
48.	Colombe	Paix, messager qui relie le ciel et le cœur, pureté, simplicité, harmonie, bonheur retrouvé, espoir, libération de l'âme, blancheur immaculée, grâce, douceur, roucoulement terrestre et divin
49.	Condor	Soleil, messager du soleil, envergure, vol de jour, grande puissance, maître des espaces ouverts ou difficilement accessibles, attire le respect
50.	Coq	Fierté, annonce le lever du soleil, expression et chant qui éveille, courage, bonté, confiance, chance, vigilance guerrière, vertu civile
51.	Coquillage Nautile	Fécondité propre à l'eau, naissance, génération, matrice, forme de vie souple et fragile enveloppée d'une protection rigide, protection des perles intérieures, aventure humaine
52.	Coquille St-Jacques	Sort au grand jour, montre sa force et sa valeur, richesse d'être, plénitude, fin des barrières masculin-féminin, équilibre de l'existence, assurance intérieure, maîtrise de soi
53.	Corbeau	Magie, lumière dans l'obscurité, métamorphose, réponses aux questions, gratitude familiale, enfant chéri, messager, perspicacité, renouveau, guide et esprit protecteur, isolement volontaire
54.	Corneille	Loi, magie, énergie inespérée, occasions nouvelles, occasions collectives, transformation pour une cause, être vu et entendu
55.	Coucou	Matinal, éveil de la nature, se sent comme une âme incarnée dans un corps qu'elle perçoit comme un nid

	Animaux totem	Mots-clés symboliques
	Coucou (suite)	étranger, ne sait pas comment bâtir son propre nid, pond ses œufs dans le nid des autres (ingérence, ignorance et survie), besoin de confiance, estime et reconnaissance de soi, besoin de développer ses dons, forces et talents
56.	Couguar Puma Lion des montagnes	Leadership, pouvoir personnel, confiance, talent, action du cœur, longue queue pour assurer son équilibre, chasseur solitaire, vue et odorat puissant, lorsqu'il n'a plus faim il enterre les restes de ses proies
57.	Couleuvre	Accélération, mouvement, but accessible, intensifier l'effort, dissimulation, agit, met en œuvre en coulant avec la vie
58.	Coyote	Fin filou, sagesse, folie, tout pour réussir, intelligence, adaptabilité, équilibre, lance ses demandes et aboie vers le ciel, se retranche dans son terrier pour sa sécurité ou s'abriter des intempéries et du froid
59.	Crabe	Forces vitales transcendantes, compréhensif, patient, apaise les autres, enclin à pardonner, attend le calme pour bouger, s'assoit tranquillement quand tout remue autour de lui, remue la terre au fond de l'océan des émotions pour faire émerger les éléments nourrissants, désir comblé
60.	Crevette Crevette (suite)	Sang-froid, réfléchit avant d'agir, évite les problèmes, concentration calme dans l'action, apaisement du système nerveux en organisant sa vie avec équilibre, gestion efficace, ramène l'attention sur l'essentiel et s'occupe ensuite des détails, utilité
61.	Crapaud Ouaouaron	Forces et ressources intérieures, beauté au-delà des apparences, lucidité, guérison, capacité d'avancer dans le monde des émotions, faire des sauts dans le monde terrestre, versatilité, oser s'incarner
62.	Crocodile	Force primitive, confiance à ce qui fait du bien, équilibre, création, fatalité de la mort pour que revienne la vie ou de la nuit pour que revienne le jour, cruel pour sa survie

Chapitre 4 - Découvre les animaux totem

Animaux totem	**Mots-clés symboliques**
63. Cygne	Grâce, équilibre, innocence, blancheur immaculée, lumière pure, fécondation, parole pure (chant du cygne), fécondation, réceptivité aux émotions, sens de ce qui est nourrissant, rêves, nouveaux mondes
64. Daim	Douceur, éveil à la vie, coeur d'enfant, pureté de cœur, pureté d'intention apprentissage de la vie avec un corps et les pieds sur terre
65. Dauphin	Souffle, respiration, conscience, unité, bonté, rire, jeu, lien entre l'humanité et la source de vie, énergie positive, créativité, sagesse, potentiel, remodelage de la vie, espoir, transfiguration, régénérescence, fertilité, apprentissage transmis par la conscience collective, prudence
66. Dinde	Don, dépouillement, rassemble par le don de soi, abondance, festivité, espace et liberté, tête haute, équilibre tête-pieds, matière-spiritualité, terrestre-imagination, gloussement vers la voie du milieu (ni aigu ni grave), pureté, habite son corps en étant solidement enraciné sur terre, équilibre de la puissance virile et fécondité maternelle
67. Dromadaire	Réserve d'eau et nutriments, adaptation aux climats arides, net et aimant, force domesticable avec un accompagnement clair, support, silencieux lorsqu'il est satisfait et beugle lorsqu'il est insatisfait
68. Écureuil	Prévoyance, approvisionnement, préparer l'avenir, réserves, équilibre, déploiement, bonne voie, communication, tendance à la dispersion
69. Élan	Élégance, endurance, puissance tranquille, élan de vie, élan pour avancer
70. Éléphant	Rôle et sagesse ancestrale, paix et prospérité, puissance de la connaissance et de l'éveil, puissance d'action, justice et justesse, mémoire, solidarité, loyauté, affection, stabilité, immuabilité, , souveraineté sur le monde terrestre

	Animaux totem	Mots-clés symboliques
71.	Émeu	Entre ciel et terre (oiseau et mammifère), faculté de se laisser émouvoir, affection et réaction émotionnelle spontanée, aide à guérir ce qui est entre deux... (ex: la peau qui est l'interface entre ce qui est à l'intérieur de soi et à l'extérieur, les émotions entre la relation à soi et les relations avec les autres)
72.	Épervier	Femelle plus forte que le mâle, noblesse, distinction, domination de l'énergie féminine, chasseur, agressif, puissance du soleil
73.	Escargot	Régénération périodique, éternel retour, lenteur, fertilité, spirale, mouvement ancré en permanence
74.	Étoile de mer	Liberté émotionnelle, ouverture et déploiement des jambes-bras-tête, confiance pour guérir les charges émotionnelles, reconnaissance de soi
75.	Faisan	Harmonie du monde, messager, lumière colorée organisatrice, rythme des saisons, existence libre d'entraves, travaillant
76.	Faucon	Messager, protection dans les entreprises, vision et puissance grandissante, saisir les occasions au vol, fécondité universelle, acuité visuelle, ange gardien du soleil, espérance en la lumière, symbole ascensionnel
77.	Flamant rose	Connaissance du monde de la lumière, âme qui migre des ténèbres à la lumière, apprivoise l'incarnation, porteur d'idéal de lumière, besoin d'équilibre de l'espace personnel et la proximité
78.	Fourmi	Patience, recherche active du bien supérieur, persévérance, travail d'équipe, esprit d'équipe, vie organisée, activité industrielle, attachement matériel parfois excessif
79.	Furet	Amical, sociable et sauvage, compagnon apprivoisé, curiosité, fouineur, découverte, labyrinthe des chemins possibles, cachotterie

Chapitre 4 - Découvre les animaux totem

	Animaux totem	**Mots-clés symboliques**
80.	Gazelle	Vivacité, vélocité, beauté, grâce, centré dans le cœur, vie contemplative, rapidité d'esprit pour comprendre, autodestruction lorsqu'elle est victime, regard pénétrant, acuité visuelle
81.	Geai bleu	Choix basé sur l'amour, engagement, exercice du pouvoir, messager du bleu du ciel, cri perçant pour être entendu, talent unique
82.	Gecko Lézard	Marche et s'accroche partout (a des milliers de petits filaments fins en forme de poils au bout des doigts comme des ventouses), solitaire, nocturne, yeux globuleux qui captent le maximum de lumière la nuit, se reconstruit (sa queue repousse si elle est coupée), protectionniste (pond et fait éclore ses œufs à l'intérieur d'elle), chance
83.	Gélinotte	Aime le calme, aime les lieux tranquilles et abrités, très maternel et paternel, vigueur, vitalité, niche par terre, affiche des couleurs de terre, queue à 18 plumes semblables à un demi-diamant lorsqu'elles sont écartées, son de tambour du mâle pour la séduction et le combat
84.	Girafe	Non violence, bienveillance, coeur le plus haut, long cou vers le ciel, se nourrit des nouvelles pousses et nouvelles énergies, personnalité unique, mosaïque, avance avec élégance plutôt qu'avec efficacité, nerveuse, réaction rapide à ce qui surprend ou fait du bruit, lâcher-prise du combat des mâles facile et en douceur, se protège dans le contact avec la terre, processus de création en Être debout, accouche debout, commence sa vie par une chute (le bébé fait une chute de 2 mètres en arrivant sur terre), maternée en garderie par quelques femelles, ne connaît pas son père, vagabonde pour trouver à boire et à manger, se regroupe en troupeaux pour la sécurité (50-60 femelles et enfants), mâles solitaires
85.	Goéland	Sociable en tout temps, vit près de l'eau, abondance près de la mer, peur des humains, se nourrit de déchets (graines, cadavres, poissons, mollusques, crustacés, vers de terre)

Découvre ton totem

	Animaux totem	Mots-clés symboliques
86.	Gorille	Force, noblesse, générosité, sentiments de solidité et stabilité, compétence, reconnaissance, imposant
87.	Grenouille	Nettoyage, pensées dispersées, routine, retour au point d'origine, fertilité, nouveaux débuts, transformation, puissance créatrice, voix, connexion avec l'eau, métamorphose, résurrection
88.	Grillon	Puissance de la foi, sensibilité, intuition, promesse de bonheur, métamorphose, se manifeste dans un environnement chaud et chaleureux
89.	Grue	Longévité, honneur, justice spirituelle, lien entre les mondes, échasses, potentiel vivant, fidélité, aspect cyclique des épreuves, migration, puissance vitale, technique respiratoire de longue vie, régénération, mouvement et danse inoubliable en amour, pureté
90.	Guépard	Élancé, silhouette fine, extrêmement rapide, jeu, patient, n'a pas peur des plus gros que lui, grimpe dans les arbres, aime se dorer au soleil, pelage comme un ciel étoilé
91.	Guêpe	Taille fine, silhouette unique et bien définie, patience, concentrée dans son travail, persévérance, fertilise la vie, collectivité, hiérarchie, pique si elle se sent attaquée, nid
92.	Hamster	Amical, ami des enfants, doux, se laisse apprivoiser, pattern répétitif, tourne en rond dans sa cage, gruge, cherche des chemins ou sa nourriture, aime se cacher, nocturne
93.	Hérisson	Conseiller écouté, sédentarisation, action de civilisateur, gourmandise, accumule ses richesses, brûlure des piquants
94.	Héron	Conseils entendus, autorité, se fait respecter, solitude, indépendance, rituel pour délimiter son territoire, curiosité, indiscrétion occasionnelle, vigilance, bec puissant
95.	Hibou	Intuition, sagesse, vision, conseil, guide silencieux, gardien des secrets, tristesse, retraite solitaire, n'affronte pas la lumière du jour, intensification des perceptions et sens

Chapitre 4 - Découvre les animaux totem

Animaux totem	Mots-clés symboliques
96. Hippocampe Cheval de mer	Confiance, grâce, silhouette unique, se tient debout, prédominance de la tête et du corps, camouflage, corps en relief, déplacement horizontal et vertical
97. Hippopotame	Force brutale non domestiquée, vigueur musculaire, imposant, impulsion, grande bouche, aime l'eau, besoin de grâce divine pour s'élever par la spiritualité
98. Hirondelle	Messagère du printemps et des équinoxes, éternel retour, annonce de la résurrection, bonne compagnie, voisinage, camaraderie, s'installe en hauteur ou dans les escarpements faciles à creuser, vit en groupe, belle envolée, rites de fécondité, migration
99. Homard	Pinces de tailles différentes, outils adaptés pour chaque chose, chair tendre sous une carapace rigide, se déplace en surface de face et de côté sans approfondir les choses, s'enfouit pour se camoufler, capacité de prendre en main les choses extérieures, difficulté de se défendre s'il est surpris par l'arrière, sensibilité, émotions, besoin de s'ouvrir à lui-même, besoin de contacter son cœur pour trouver sa vraie beauté
100. Huard	Espoirs, réponses données par les rêves, rêves du cœur remontent à la surface, son qui perce les matins embrumés, solitaire, lac et marais, vole à fleur d'eau et en hauteur, habile dans l'air et dans l'eau, plonge et se mouille pour aller chercher sa nourriture et ce dont il a besoin
101. Huître	Caché dans sa coquille, transforme les grains de sable en perles et nacre, perle rare, humilité vraie, sage, s'ouvre au soleil, accumule les richesses intérieures et se ferme pour les protéger, vit en eau douce ou salée, pause pour digérer ce qui est vécu, faire le vide, contact paisible avec soi
102. Hyène	Charognard nocturne terrestre, odorat puissant, capacité de broyer et déchiqueter les os (structure) les plus durs, étape initiatique sur le chemin de la Connaissance, fuite de la sagesse sacrée.

	Animaux totem	Mots-clés symboliques
103.	Ibis	Parole créatrice, enseignement de la sagesse dans différents domaines (ex: astronomie, comptabilité, magicien, guérisseur, enchanteur, ésotérisme)
104.	Iguane	Adaptation soleil-terre-eau, ancêtre d'un ancien monde, paresse, cache ses œufs (créations) et les confie à la vie, épine dorsale proéminente
105.	Insecte brindille	Secret, activité en profondeur, patience, concentration, méditation, prière, présence délicate, unité avec l'environnement
106.	Inséparable	Amour idéalisé, fusion, complémentarité, vivre pour le bonheur de l'autre, co-dépendance, évolution vers l'interdépendance, affiche ses couleurs
107.	Jaguar	Affirmation, revendication du pouvoir et des fruits du travail, instinct, silence, expression suprême des forces intérieures de la terre (être), maître des animaux sauvages, écho puissant de son rugissement
108.	Jaseur	Messager du ciel, jase, raconte ce qu'il a vécu (vu, entendu, ressenti, senti, goûté, perçu), prudence pour la distorsion, besoin de sagesse pour ce qui est reçu ou communiqué, sociable, aime être dans les conifères
109.	Kangourou	Saut, oser faire des sauts dans l'inconnu, capable de mouvement à grande vitesse, très protecteur de ses petits (créations), vit en groupe, peut être amical ou dangereux selon son ressenti et l'intention de ceux qui l'approche, aventurier, s'adapte à plusieurs environnements
110.	Koala	Habileté de se nourrir sans s'empoisonner, lenteur, signal de ralentir, détoxication et ménage, confiance, prudence, charmant, mère très attentionnée à son petit, mâle disparaît après l'accouplement, mâle doux sauf pendant la période des amours où il devient agressif pour dominer et s'accoupler avec la femelle choisie, la femelle sage et reste juchée dans les arbres pour observer le combat des mâles au sol et elle descend seulement lorsqu'elle est prête

Chapitre 4 - Découvre les animaux totem

	Animaux totem	Mots-clés symboliques
111.	Lama	Sait mettre ses limites et les communiquer, crache ce qu'il n'aime pas, fourrure épaisse et chaude, adapté à la vie en altitude, sagesse du ciel, ami fidèle des ceux qui avancent dans la droiture et l'intégrité, blanc
112.	Lapin Lièvre	Bon usage des rythmes et cycles, fertile, prolifique, patience, agit quand il sait où aller, besoin de libérer les angoisses et la peur, renouvellement perpétuel de la vie, dort le jour et vit la nuit, travaille à l'ombre des arbres, connaissances au service de l'humanité, intermédiaire entre les mondes humain et divin, préparateur de l'immortalité
113.	Léopard Léopard (suite)	Fierté, habileté, force, protection de la méchanceté, victoire du mal, de la mort, des ennemis, rythme de la nature, hibernation, robe de lumière dorée et taches noires (ciel-terre)
114.	Lézard	Rêverie, imagination, instincts, survie, sang froid, rester centré, paresse, ami de la maison, civilisateur, messager sur la terre, cherche humblement la lumière sur la terre, maîtrise et économise l'énergie
115.	Libellule	Illusion, foi dans la force de la lumière, perception, changements subtils, émergence, rayonnement, maturité, élégance, légèreté
116.	Licorne	Puissance exprimée par la corne, pureté d'être et d'actions, vertus royales, justice royale, réjouissance, flèche spirituelle, rayon solaire, pénétration du divin dans la créature, révélation divine, sexualité unifiée, androgynéité originelle, accomplissement de l'amour, force surnaturelle qui émane de ce qui est pur
117.	Limace	Déplacement lent, intérieur mou, se réfugie sous sa coquille en cas de danger, fragile èa ce qui est coupant ou acéré, aime se cacher sous ce qui la nourrit, insaisissable, dévastatrice, prolifère en milieu humide

Animaux totem	Mots-clés symboliques
118. Lion	Roi des animaux, puissance de l'amour, volonté émanant de l'intérieur, patience, force tranquille, coopération pour réaliser les projets, initiation sur le chemin de la Connaissance de la sagesse calme et sereine, souverain, sagesse et justice de son règne, énergie divine du centre, protection
119. Loup	Maître, intuition, protection, changements dans le milieu de vie, communication, contribution au groupe, persévérance, succès, obstacle d'incarnation à franchir, conduit vers le paradis, royauté
120. Loutre	Créativité, joie, jeu, foyer, féminité, révélation de secret sublime, apprentissage rapide, habileté, apparaît et disparaît à la surface de l'eau, montre et cache alternativement ses émotions, esprit initiateur qui tue et ressuscite, libérer les peurs de la mort
121. Luciole	Inspiration, réalisation par les efforts et l'espoir, apporte la lumière pour les travaux nocturnes, confiance au rythme personnel, rayonnement, émerveillement
122. Lynx	Secrets, savoir caché, créativité, solitaire, intuition profonde, efficacité, vue perçante, ouïe performante, agilité, reste bien caché et surgit de façon inattendue
123. Manchot	Appel à un niveau différent d'existence, responsabilité, commandement, isolement temporaire, hors du temps, valorisation par mutilation, se reconstruire par un nouvel usage de ses bras et de ses mains
124. Mante religieuse	Intuition, salut dans l'immobilité, calme qui nourrit la vie, silence, dévotion, relation intense, position de prière, imploration, dualité entre soi et les autres, impitoyable pour ses proies et adversaires
125. Méduse Gorgones	Capacité de se propulser, translucide, besoin de réaligner la juste mesure et l'harmonie, déformation des perceptions, image déformée de soi, sentiment qu'il y a un ennemi à combattre, regret ou culpabilité exagéré, autosabotage

Chapitre 4 - Découvre les animaux totem

Animaux totem	**Mots-clés symboliques**
126. Mésange	Recherche de la vérité intérieure, pensée juste, calme, lien de douceur possible entre oiseaux et humains, apprivoisé facilement, «mes anges», messagers du ciel, paix et pureté d'intention, invite à l'unité humain-divin
127. Mille-pattes	Avancer « mille pas à la fois », rappelle que nous sommes aimés à l'infini et aidé si nous le demandons pour les petites choses autant que pour les grandes, message inconscient pour favoriser l'incarnation les deux pieds sur terre, synchronisation intérieure pour avancer en harmonie et plus vite, « faites un pas vers moi et j'en ferai dix vers vous »
128. Mouche	Solidarité, tourbillonnement de la vie, sait se cacher sans être vu, s'éveille au printemps, sans défense lorsqu'elle est seule, l'union fait la force, poursuite incessante et inutile, revendication
129. Mouette	Exclusive, conserve la lumière du jour pour son usage personnel, veut posséder, se nourrit de tout ce qu'elle peut trouver
130. Mouffette Putois	Réputation, le jeu des apparences, impose le respect des limites, compagnon amical dans la confiance, divinité dans l'humanité, intégration des contraires (noir et blanc), chacun à sa place
131. Moule	Exigence, besoin de justesse, sélection, tri, choix, met des priorités, hiérarchies, sépare ce qui convient et ne convient pas, tout ce qui entre en elle passe par son mécanisme de contrôle, difficile pour les autres, recherche et offre la qualité, vue d'ensemble
132. Moustique	Se nourrit de l'énergie de vie, du sang et de la joie des autres, agressivité envers la vie intime des autres, symbole du complexe d'Œdipe, besoin de libérer l'inconscient par l'expression de soi, le rêve, la parole, la poésie, les arts, la musique et la communication, besoin d'évacuer le lien auquel l'être s'est identifié, vers la réunification de soi

	Animaux totem	**Mots-clés symboliques**
133.	Mouton.................... Agneau Brebis	Blancheur immaculée et glorieuse, triomphe du renouveau, victoire de la vie sur la mort, douceur, attendrissant, chaleur, pureté, cœur d'enfant, réalisation de soi dans la joie, migration des âmes, être ou suivre comme les autres, troupeau
134.	Morse.......................	Massif sur terre et fluide dans l'eau, code de communication, dents acérées et déchirantes devant ce qui est vulnérable, vit en groupe, aime se dorer au soleil, jeu, rire, applaudir, pirouettes
135.	Mulet........................	Compagnon de route, support dans les longs trajets et passages escarpés, auto-sabotage et interférence pour avancer, entêtement, besoin d'amour et de confiance en soi pour lâcher prise sur les résistances et la peur, besoin de changer son image de soi pour faire grandir les forces et sourire à la vie
136.	Mulot........................	Petit à grande action, action soutenue, travaille en silence, profil effilé aérodynamique, nerveux et se
	Mulot (suite)	sent menacé à l'air libre, vie sous-terraine, creuse les dédales sous terrains (inconscient), cri d'alarme en cas de danger à l'horizon, rongeur, «se ronger les sens»
137.	Oie sauvage	Réponse à l'appel de la quête, nouvelles expériences, possibilités, invitation à dissoudre les résistances, migration d'un foyer à un autre, messagère entre le ciel et la terre, messagère de l'Autre Monde
138.	Oiseau (général)........	Le vol est un lien symbolique entre le ciel et la terre, légèreté, libération de la pesanteur terrestre, envol de l'âme, état spirituel et supérieur de l'être, anges, fées, âme individuelle et Esprit universel, distraction et chaos résultant du vol instable. Oiseaux de nuit: revenants, âmes des morts, peur de la solitude
139.	Opossum....................	Feinte, chaleur, confort, dissimulation du regard, fourrure recherchée, milieux de terre et humides

Chapitre 4 - Découvre les animaux totem

Animaux totem	**Mots-clés symboliques**
140. Orignal	Estime de soi, foyer, naissance, sécurité, vie généreuse, aide divine, longévité, force de caractère, panache généreux comme de puissantes antennes pour capter l'énergie du ciel, combat des mâles percutant, vie organisée, très fort pour s'adapter aux variations climatiques, préfère la vie en forêt et la proximité de l'eau pour s'abreuver et se rafraîchir
141. Ours	Introspection, cycles intérieurs, respect du rythme personnel, contact du potentiel endormi, douceur de vivre, puissance, guérison par la nature, pouvoir temporaire par rapport à l'autorité spirituelle, aspect dangereux, cruel et guerrier de l'inconscient, instinct et phases initiales de l'évolution, force primitive incontrôlée, apprivoisé par la douceur (miel) pour une évolution progressive (attention aux régressions), se lève debout pour impressionner et faire peur à ses adversaires, hiberne l'hiver (période d'introspection) et vie active l'été
142. Ours grizzli	Ours + faible reproduction (1-2 bébés par 3-4 ans et un maximum de 4-5 portées par vie), peut être brun, noir et gris à blanc, se nourrit de ce qui est à sa portée
143. Ours polaire	Ours + introspection jusque dans les espaces de froid intérieur (peur, mort, limites...), dépassement des peurs inconscientes de la mort, va jusqu'où la mort rejoint la vie, guide terrestre pour trouver la voie du milieu entre les pôles extrêmes, protection puissante des affronts des climats extérieurs, hibernation, habile sur terre et dans l'eau, aimer jouer, se lève pour impressionner et faire peur à ses adversaires
144. Oursin	Œuf du monde, vie concentrée, puissance réunie de l'humain et du divin, évolution destinée à un sommet
145. Outarde	Famille polygame, besoin de quitter « la jupe de sa mère », prendre son envol par lui-même, descente des âmes dans la matière

Animaux totem	Mots-clés symboliques
146. Panda	Aspect charmeur et charmant du « gros nounours », vit sur terre et dans les arbres, processus pour intégrer les dualités révélées par l'introspection de l'ours et s'élever vers le ciel dans un état plus harmonieux, passe de l'état de chasseur carnivore (ours noir, brun et blanc) à celui de gros mangeur herbivore, vit en groupe et occupe la région où il habite de façon dominante mais passive, emblème d'unité des forces (symbole du yin-yang), maternel et paternel
147. Panthère	Revendication du pouvoir et fruit du travail, instinct, affirmation, silence, projette une image de couleur noire, son rugissement est un son d'alarme pour tous, concentré et persévérant s'il poursuit un but ou pour se nourrir, peu visible, caché à l'abri des intempéries dans les périodes de repos et de vie familiale
148. Paon	Nouveau cycle mort et réincarnation, essentiel, humour, beauté, fait la roue, pouvoir de transmutation spontanée des venins absorbés en détruisant les serpents, déploiement de la création de l'Esprit Saint
149. Papillon de jour	Transformation, joie, santé, amour nouveau, perceptions spirituelles, légèreté, métamorphose, esprit voyageur, âme libérée du corps et devenue bienfaitrice et bienheureuse, inconstance
150. Papillon de nuit	Transformation, fertilité, succès, accomplissement, émergence des talents, métamorphose, accumulation vers les lumières nocturnes
151. Paresseux	Mouvements très lents, pausé, suspendus à l'envers ou debout, vision élargie (rotation de la tête 270°), mâche bien ce dont il se nourrit, digestion très lente, peur de la terre et des prédateurs terrestres, fait ses besoins sur terre une fois par semaine et se vide du tiers de son poids à chaque fois, la lenteur est un camouflage pour ne pas être vu dans ses déplacements, dors beaucoup, reste agrippé à sa mère pendant longtemps

Chapitre 4 - Découvre les animaux totem

Animaux totem	Mots-clés symboliques
152. Pélican	Nature humide, disparaît sous la chaleur du soleil et renaît en hiver, porteur symbolique des breuvages de vie (l'eau et le sang qui coulent du cœur du Christ), résurrection, vivant et bien portant
153. Perdrix	Spirale sacrée, ARN, ADN, génétique, hérédité, transgénérationnel, nourriture de vie, humilité, don, cri désagréable qui est un appel à l'amour, beauté des yeux, oiseau qui vole au ras du sol comme les messages du ciel densifiés dans la matière (code génétique etc.), peut se sacrifier en créant une diversion pour sauver ses petits (sa création)
154. Perroquet	Créativité et communication colorée, perception spirituelle, vision, répétition continuelle, pattern, expression de l'être qui ose afficher ses couleurs, enjoué, apprend d'autres langues, imitateur, présent et expressif lorsqu'il voit ses interlocuteurs ou s'efface lorsqu'il est caché
155. Perruche	Compagnie agréable, facile à apprivoiser, messager du ciel, établit une communication avec les humains qui l'aiment et en prennent soin, roucoule lorsqu'il est content, caquasse lorsqu'il est entouré, crie et hurle lorsqu'il est mécontent ou qu'il a peur, aime jouer, prendre un bain d'eau, regarder dans un miroir et faire la conversation
156. Phoque	Insaisissable, apprend à faire des tours en échange de ce qu'il aime, aime jouer, faire rire, applaudir, être applaudi et encouragé, artiste naturel, clown triste, déplacement souple et fluide dans l'eau et le monde des émotions, bon contact avec les enfants, voix retenue, manque d'amour, peur du don de soi, refoulement inconscient, capable de métamorphoses
157. Pic-bois	Cycles de succès, hors du commun, suivre son rythme, voie, projets, avenir, laisser une marque par ses créations, créer des ouvertures, ouvrir la voie à l'expression, permission d'être

Animaux totem	Mots-clés symboliques
158. Pie	Délie les langues et dévoile les secrets, usage judicieux du savoir caché, accès à la connaissance, information, aime ce qui brille, prudence aux apparences
159. Pieuvre Poulpe Calmar	Capacité de s'approprier plusieurs choses à la fois, se fixe ou s'accroche avec ses tentacules, ténacité, lâche finalement ce qui est inutile, tendance à avoir des attentes, sur ses gardes, formation et soin de son corps, réserves d'énergie, développement personnel
160. Pigeon	Douceur des mœurs, amour conjugal, voyageur, messager, messager du ciel, compagnon des pauvres et sans-abri, aller-retour, va-et-vient, plainte des âmes en peine
161. Pintade	Offrande, besoin de confiance et amour de soi pour utiliser tout son potentiel, capacité de voler mais est essentiellement coureur, nourrissant, générosité, beauté
162. Pivert	Sécurité, protection, continuité de la vie, perpétuation de l'espèce, se détourne des désastres naturels, avisé, creuse des trous dans le tronc des arbres pour faire un nid inaccessible, soigneux, ré-enfantement
163. Plume d'oiseau	Ascension, clairvoyance, écriture, nouvelle création, élève les prières vers le ciel, puissance aérienne libérée des pesanteurs de la terre, autorité d'origine céleste, justice, chance et bénédictions
164. Poisson (général)	Restauration cyclique, révélation, eau, naissance, baptême, régénération, origine sacrée de la vie, vie, fécondité, faculté de reproduction, sagesse cachée dans les profondeurs de l'océan (être), silencieux, chance, monde intérieur impressionnable, plasticité psychique, liens déliés, cohésion, abandon
165. Porc Cochon	Tempérament doux sous un aspect grognon, prendre soin de soi avec bienveillance, partage généreusement, abondance, apparence prospère, ignorance de lui-même, évolue et récupère la maîtrise de sa vie, pas besoin de se battre pour avoir ce dont il a besoin

Chapitre 4 - Découvre les animaux totem

Animaux totem	Mots-clés symboliques
166. Porc-épic	Innocence, équilibre travail et loisir-jeu, curiosité, positif, harmonie, prendre soin de soi, civilisateur
167. Poule Poulet	Épreuve initiatique de mort et renaissance, mouvement de rotation de l'univers, phases évolutives de la création (pattes noires-putréfaction, plumes blanches-purification, crête rouge-fixation et incarnation), survol avec plus de légèreté, observe et trouve des solutions qui apportent une détente définitive, entre dans la vie
168. Python	Initiatique, bouche s'ouvre pour avaler le soleil et le cracher au petit matin, combat symbolique action-passion, diurne-nocturne, raison-instinct, conscient-inconscient
169. Quiscale	Temps de libération émotionnelle, mutation, accepter de l'aide, vivre de façon plus créative, voler et vivre en groupe, cri qui alerte de la présence de prédateurs ou animal blessé
170. Raie	Fière, connaît ses capacités, ne passe pas inaperçue, sait ce qu'elle vaut, généreuse, sage, conseil, écoute les autres, prend sa place naturellement, sorte de charme dans sa démarche, cherche le bien en tout, espace personnel, ose occuper son espace avec amplitude, déployer ses ailes, croire en soi
171. Rat / Rat (suite)	Vit dans plusieurs milieux, adaptation et mutation très rapide, communication par la conscience collective, peut apporter et guérir les maladies, se multiplie en abondance, prospérité, vol des richesses, nocturne
172. Raton laveur	Masque, agilité et perspicacité pour atteindre sa nourriture (fraîche ou déchets), nocturne, fige à la lumière braquée sur lui, fait le ménage, se dandine
173. Renard	L'action juste rend tout possible, bénédictions, force du silence, camouflage, transformation, aventurier, fertilité, abondance, protection de la nourriture, vigueur et force de l'appétit, indépendant et satisfait de l'être, audacieux mais craintif, miroir des contradictions de la nature humaine

Animaux totem	Mots-clés symboliques
174. Renne Caribou	Force, agilité, associé au Père Noël et la magie de Noël, panache doux élancé vers le ciel, amène une sensation chaleureuse, course rapide, vit en famille et en groupe, travail d'équipe, cherche à aller plus haut en présence de prédateurs, vit dans le froid, accompagne les défunts dans leurs passages
175. Requin	Chasseur, survie, adaptabilité, force de groupe, lutte gagnant-perdant, stratégie, se bat pour vivre, dents déchirantes et impardonnables, organisé, puissance, force d'action, avance en S plutôt qu'en ligne droite, émerge de façon inattendue, protection du territoire
176. Rhinocéros	Force brute, massif, corne unique, peau épaisse et dure (protection), avertit lorsqu'il se sent agressé et avant d'attaquer (souffle par les narines, relève la poussière avec ses pattes), tête baissée s'il a besoin d'utiliser sa corne, aime se baigner dans l'eau
177. Rossignol	Perfection du chant et de l'expression, charme dans la nuit, fait oublier les dangers du jour, messagère de l'aube, intensité, excès, mélodie et mélancolie, chante l'amour et le lien entre l'amour et la mort
178. Salamandre	Intuition, sensibilité, changement, appui inespéré, se déplace en se tortillant, froideur, mort de froid, immobilité et camouflage lorsqu'il se sent menacé, aime se dorer et dormir au soleil, aime l'eau et les milieux humides
179. Sanglier	Autorité spirituelle, retraite solitaire en forêt, le druide va à sa rencontre, déterre la truffe mystérieuse, image du spirituel traqué par le temporel, caractère primordial, courage, témérité, noble, brutal pour libérer la félicité
180. Saumon	Animal de la science sacrée, fontaine de sagesse, science universelle, prophétie, nourriture spirituelle, explore la vie dans le sens du courant et fraye à contre-courant pour retourner à sa source, ferme la boucle du cycle de la vie

Chapitre 4 – Découvre les animaux totem

Animaux totem	Mots-clés symboliques
Saumon (suite)	et la mort au point d'origine mais enrichie de l'expérience vécue, fierté de soi et de son être physique, soins offerts avec plaisir, se donne dans la joie
181. Sauterelle	Saut de joie, gaieté, saut dans l'inconnu, dénouement voix intérieure, relié à l'ordre et au désordre du cosmos et du microcosme, début de l'envol par un saut
182. Scorpion	Chant d'amour dans un champ de bataille, cri de guerre dans un champ d'amour, belliqueux, prompt, mauvaise humeur, résistance, besoin d'être secoué de la transe du démon intérieur et de la tragédie qui l'autodétruit, devient ensuite bienveillant, sacrifice maternel (ses petits mangent ses entrailles avant de venir au monde), prépare à une existence nouvelle
183. Serpent	Transmutation, résurrection, éternité, guérison, caducée, symbole de la médecine, vie renouvelée, peut tuer et guérir par son venin, anime et maintient, communication avec les esprits et nouvelles dimension, froideur, métamorphose, symbole de la montée de la Kundalini
184. Singe Chimpanzé	Agilité, imitation, bouffonnerie, conscience dissipée, vagabondage, artiste, artisan créateur, insolence, caricature, protecteur, tradition, vie sociale organisée, apprentissage transmis par la conscience collective
185. Souris	Examen des leçons de vie, minutie, réserves, semence pas-à-pas, divination, nervosité, cachée, expérience, capacité de s'adapter et de se faufiler, souris (sourire)
186. Tatou	Frontière, solidité intérieure, affirmation de soi, protège fermement son dos et ses arrières (écailles), fouine, creuse et trouve ce qu'il cherche, puissance, persévérance
187. Taupe	Forces de la terre, aveugle, vit dans un monde de labyrinthes, initiateur aux mystères de la terre et de la mort, initiation qui préserve et guérit les maladies, maître qui guide l'âme à travers les ténèbres et détours des labyrinthes sous-terrains, libère les troubles passionnels,

Animaux totem	Mots-clés symboliques
Taupe (suite)	retient les émotions, paroles et secrets à l'intérieur (muet comme une taupe)
188. Taureau	Puissance, fougue irrésistible, force créatrice, masse statique porteuse de vie, soif de vivre, tempérament généreux, vitalité solide, robuste, violence déchaînée et dominatrice lorsqu'indompté, connaissance biologique et accession à la vie spirituelle immortelle
189. Termite	Puissance solitaire, détruit pour construire, fidélité au plan directif, architecture, reconstructeur, répétition, vocation et rôle à vie, respect des hiérarchies, communauté, destruction lente et impitoyable
190. Thon	Gourmet, jouit de la vie, savoure ce qui est bien et bon pour lui, vit au maximum, fait le plein, vie agréable, aime la compagnie, ambiance chaleureuse, enfantin, reçoit avec amour et tendresse, oriente les charges affectives vers la joie (au lieu de la tristesse)
191. Tigre	Force, douceur, puissance, agilité, férocité, vertu royale (tigre blanc), énergie de la nature, foi, effort spirituel, traverse la jungle des initiations, guérisseur, vision large et très précise, près des montagnes du soleil, entoure le monde, eau douce, concentration, autonomie, jeu, repos
192. Tortue (général)	Terre mère, puissance, support, porteur du monde, stabilité, longévité, persévérance, carapace ronde (comme le ciel au-dessus) et corps plat (comme la terre au-dessous), représentation de l'univers, début de l'œuvre de spiritualisation de la matière
193. Tortue d'eau douce	Terre mère, persévérer, foi, efforts récompensés, harmonie de groupe, source créative rassemblée
194. Tortue de mer	Terre mère, persévérer, accomplissement, succès, nouvelles dimensions, ralentir
195. Tortue terrestre	Terre mère, persévérer, mouvement sous pression, se concentrer sur l'essentiel, sortir de sa coquille pour réussir

Chapitre 4 - Découvre les animaux totem

Animaux totem	Mots-clés symboliques
196. Toucan	Grand bec, belle parole, attire l'attention, équilibre et solidité du corps pour supporter le poids de son grand bec en restant bien droit, couleurs vivantes mises en évidence sur un fond noir, tout est possible
197. Tourterelle	Tranquillité d'esprit, harmonie nouvelle, promesse pour l'avenir, circulation entre les cycles et mondes, messager du renouveau cyclique, roucoulement triste, fidélité
198. Truie	Fécondité, maternelle, propreté, grande sensibilité, émotions proches de celles des humains, protection, respire par le nez, discernement entre ce qu'on aime sentir et ce qui pue au nez, grogne pour communiquer et crie lorsqu'elle a peur ou sent la mise à mort, abondance
199. Truite	Espiègle, aime taquiner, prend ce dont elle a besoin pour vivre, s'enfuit à toutes vitesses pour sauver sa peau, ose sans crainte, fait ce qu'elle a à faire, écoute de soi et de sa voix intérieure, être soi sans culpabilité
200. Vache	Mère, productrice de lait nourricier, fertilité, richesse, renouveau, espoir en la survie, principe féminin mystérieux (robe noire), androgynéité initiale (robe bigarrée), incarnation de la féminité (robe blanche)
201. Vautour	Vie, mort, renaissance, imminence de changement rapide, purification, accueillir et tourner la page, régénérateur des forces vitales contenues dans la décomposition organique et les déchets, transmute la mort en vie nouvelle, abondance et richesse sur tous les plans, cycle de la mort et de la vie dans une perpétuelle transmutation
202. Veau	Conscience de sa puissance, forces potentielles de sa base, choix pratiques, choix clairs de la vie ou de la mort, passe à l'action, résout les choses une à la fois, trace son propre chemin, avance, impatience, frustration
203. Ver de terre	Travail sur le passé, leçon de sagesse, digère sa vie, s'oxygène, fait de nouveaux choix, transition de la terre à la lumière, de la mort à la vie, de la larve à l'envol spirituel

Découvre ton totem

Animaux totem	Mots-clés symboliques
204. Ver à soie	Travail de transformation, transforme les rebuts et déchets en laissant émerger leur principe de vie spirituelle pour le retour à Soi, tissage du chemin vers Soi par les fils de soie, résultat naturel à l'état brut (soie brute) et raffinement (soie douce et soyeuse)
205. Vipère	Transformation qui conduit les défunts des formes de la vie terrestre aux formes de la vie dans un autre monde, porteuse de poison mortel qui amène la transmutation, renaissance, préparation à une vie nouvelle, représentation inconsciente des pulsions non intégrées dans les valeurs humaines de l'être
206. Vison	Fourrure dense, douce et très chaude, dualité (blanc au menton et queue noire), imperméable, vit dans l'eau et sur terre et grimpe dans les arbres, garde son oxygène lorsqu'il est dans l'eau et le monde des émotions (4-15minutes dans l'eau froide et 3 heures en eau chaude), entend les ultrasons émis par les prédateurs, excellente vision, marque son territoire et se défend (odeur plus prononcée et nauséabonde que celle de la mouffette), violence et domination des mâles envers les femelles en période d'accouplement, généralement silencieux sauf pendant la période des amours ou face aux prédateurs (son aigu strident), construit des nids secs et douillets
207. Yack	Adaptation exceptionnelle au froid et conditions de vie rigoureuses, flexibilité pour vivre dans différents milieux (plaine, colline, montagne), vit en solitaire ou en groupe, grimpeur, capacité de s'élever, endurance, docile, support à l'homme, stature imposante, bonne couche de protection isolante, utilise ce qu'il est pour contribuer au plus grand bien

Chapitre 4 - Découvre les animaux totem

Animaux totem	Mots-clés symboliques
208. Zèbre	Sociable, solitaire, tranquillité en toute circonstance, personnalité typique de son clan (25 à 80 rayures selon la race), noir à la naissance et formation des rayures blanches de plus en plus larges en vieillissant, camouflage pour la mouché tsé-tsé (porteuse de la maladie du sommeil) qui
Zèbre (suite)	est attirée par les surfaces larges monochromes (zèbres, gnous et gazelles résistent bien à cette maladie), adaptation pour la survie, reste éveillé, bonne vision, excellent ouïe, course très rapide et capacité de maintenir sa vitesse sur une longue distance, morsure et ruade pouvant être mortelles, tempérament imprévisible, courage, migration pour se nourrir
209. Zébu	Caractère docile, vache nourricière avec une grosse bosse de graisse au niveau du garrot, support, régulation thermique par ses grandes oreilles et fanon développé, résistance à la chaleur

Chapitre 5
Découvre les arbres totem

« Alors Alex, maintenant je t'offre une liste regroupant le nom de quelques arbres et des mots clés pour décrire certaines de leurs caractéristiques et ce qu'ils peuvent nous inspirer. Tout comme pour les animaux, cette liste est bien petite, car en réalité, il y a des milliers d'espèces d'arbres différents sur la terre.

Les arbres représentent souvent la forêt, l'espace de la nature qui est préservé, qui conserve son caractère original unique. Dans plusieurs traditions, l'arbre est un symbole de puissance, de force, de la vie en perpétuelle ascension vers le ciel, de lien entre le ciel et la terre, de médiateur qui permet l'ascension de la matière vers la lumière et la spiritualisation de la matière, de sagesse, de fertilité, de connaissance, de vie, d'immortalité, de soutien, de respect des lois de la nature.

Les conifères ont des feuilles persistantes, c'est-à-dire qu'elles restent vertes tout au long de l'année. Ce sont les arbres les plus anciens (depuis plus de 100 millions d'années) et ils produisent des fruits en forme de cône (ovule protégé par des écailles). La plupart des conifères sont dits résineux car ils produisent de la résine qui permet à l'arbre de résister au froid et se protéger de certains parasites. Ils ont une période de maturation longue avant de produire des fruits.

Les arbres feuillus ont des feuilles caduques, c'est-à-dire qu'elles ont un cycle de vie où elles apparaissent au printemps, se développent pendant l'été et tombent à l'automne, et l'arbre se repose l'hiver. Les feuillus sont des arbres dont l'évolution est en pleine expansion et leurs qualités et fruits sont très variés.

Les feuillus sont donc des arbres reliés aux cycles de la vie alors que les conifères sont reliés à l'immortalité de la vie.

Le cycle de développement des arbres comporte plusieurs étapes :

Étape du cycle	Mots clés
1. Semence	Créativité, confiance, préparation, plans, résolution, impulsion créatrice, printemps, début, commencement, plénitude en potentiel, tout est possible
2. Germination	Sortir de sa coquille, se redresser et s'aligner vers le haut (tige) et vers le bas (racine), respirer, équilibre, ressources, travail d'équipe, coopération, association, mettre des limites, création ou de soi
3. Croissance	Sortir de terre, se nourrir des réserves intérieures et des réserves de la terre, expression, sensibilité, accueil, vulnérabilité, visibilité, se développer avec prudence, créativité, imagination, unité corps-âme-esprit, mouvement, apparition de la jeune plante, intuition, action
4. Enracinement	Stabilité, méthode, développement des racines, consolidation, bâtisseur, force d'équilibre stable, solidité, détermination, manifestation, mécanisme de vie, survie et sève, apparition des feuilles, photosynthèse
5. Éclosion des bourbeons et Floraison	Liberté, discipline, les racines rassemblent les éléments nutritifs nécessaires et les offrent à la sève pour nourrir jusqu'aux extrémités, les bourgeons se gonflent de la nourriture de vie et s'ouvrent, ramification, expansion, progression, moment présent, opportunité, choix, célébration, été, vitalité, connaissance, apparition des fleurs, éparpillement

Chapitre 5 – Découvre les arbres totem

	Étape du cycle	Mots clés
6.	Fruits	Multiplication des rameaux et feuilles, maturation des fruits, croissance et solidité du tronc, vision, acceptation, harmonie, rayonnement, partage de la récolte, générosité, sensibilité, amour, famille, transformation
7.	Gratitude et graines	Formation des graines, perfectionnement, accomplissement, force intérieure, foi, ouverture, ralentir, relaxer, s'amuser, recul, gratitude, automne, spiritualité, réflexion, puissance, transformation positive
8.	Récolte	Fruits mûrs, abondance, récompenses du travail accompli, changement, organisation, puissance personnelle, puissance de l'amour, service, mouvement, transformation équilibrée, propagation des graines
9.	Achèvement	Préparation pour un nouvel ensemencement, intégrité, sagesse, réflexion, aboutissement, préparation à un nouveau cycle, fin et commencement, hiver, repos, bonheur, récupération, transmutation

Les arbres symbolisent également la communication de la vie : par le tronc, les racines développées dans la terre communiquent avec les branches qui sont élevées vers le ciel.

Pour bien se développer, chaque arbre réunit tous les éléments : la sève contient de l'eau, les racines se nourrissent dans la terre, les feuilles se nourrissent et se développent dans l'air et avec le soleil, et le feu peut jaillir du frottement des branches. Par la photosynthèse, les feuilles peuvent purifier l'air environnant.

Plusieurs systèmes du corps humain ressemblent à des arbres miniatures. Ainsi, les arbres peuvent représenter symboliquement ce qui relié à la structure, comme le système squelettique, le système sanguin, le système respiratoire et le système nerveux du corps humain. Les veines et les artères du système sanguin se déploient dans les organes comme des arbres avec leurs branches et racines, pour alimenter et nettoyer chacune de nos cellules. Le modèle de l'arbre est aussi reconnaissable dans le système respiratoire pour nous permettre de bien respirer et d'évacuer l'air vicié, et dans le système nerveux pour permettre la circulation de l'information dans notre cerveau, moelle épinière et notre corps entier.

Certains aspects du message de l'arbre que tu as dessiné peuvent être des indices pour comprendre comment tu vis ce que tu vis, à ce moment-ci de ta vie. Par exemple, tu peux observer si l'arbre qui te représente est solide et bien enraciné. Si les racines sont déployées en surface, en profondeur, ou si elles sont absentes. Cela peut être symboliquement révélateur de ton ancrage à la Terre ou de ton confort à habiter ton corps.

Tu peux observer le tronc qui peut être rigide, flexible, lisse ou rugueux. Il peut symboliquement exprimer certains aspects de ton comportement habituel. Tu peux aussi observer les branches qui sont plus fines et qui peuvent traduire certaines émotions, la dispersion ou la focalisation pour faire des choix ou mettre ton attention dans une direction.

Tu peux aussi observer en quelle saison il se trouve, s'il a des feuilles, des fleurs, des fruits. Cela peut être révélateur de l'étape de vie que tu vis en ce moment.

L'arbre du printemps se réveille, commence une nouvelle étape, une nouvelle vie. Il sort d'une période de dormance et accueille l'énergie du soleil pour une nouvelle croissance. Il fleurit et s'enjolive de magnifiques couleurs et parfums, comme une célébration de la vie qui renaît.

L'arbre de l'été s'épanouit, déploie ses branches et les habille de ses plus belles feuilles. Il renforcit sa structure afin qu'elle soit de plus en plus solide, bien développée et en santé.

L'arbre de l'automne s'habille avec des couleurs chaudes, comme pour faire une provision de chaleur avant l'hiver. Il offre généreusement ses fruits. Il revêt des airs de fête et de dégustation, pour partager les résultats de sa croissance et du cheminement qu'il a parcouru pendant l'été.

L'arbre de l'hiver s'endort et se repose. Il s'allège et lâche prise sur les feuilles désormais fanées. Il est arrivé à la fin d'un cycle et en accueille les leçons de sagesse. Il se recentre en lui-même et en douceur, se prépare à renaître à une nouvelle expérience.

Observe les branches de l'arbre. Si elles sont restreintes, abondantes, déployées, contenues, dégagées ou enchevêtrées, quelle est leur orientation, etc. Elles peuvent refléter l'orientation et les chemins qui te semblent accessibles et disponibles en ce moment pour aller chercher ce dont tu as besoin pour t'épanouir dans la vie.

Chapitre 5 - Découvre les arbres totem

Les arbres purifient l'air et dégagent des ions négatifs qui contribuent à l'expérience de bien-être lorsque nous sommes près d'eux. Quand ils sont en santé, ils peuvent nous aider à ramener de l'harmonie dans notre propre santé.

Tu peux aussi observer si l'arbre est seul ou s'il a des compagnons. Cela peut être relié à certains aspects présents dans ton expérience relationnelle et de socialisation. Tu peux observer le type d'arbre que tu as choisi. Par exemple la douceur du bouleau peut être invitation à ressentir ta propre douceur. Quand tu entres en résonance avec la vie de l'arbre, tu peux éveiller celle qui vibre en toi.

Alors, voilà maintenant cette deuxième liste, dans laquelle j'ai aussi intégré quelques plantes qui sont de bons exemples pour t'inspirer à rester les deux pieds sur Terre, centré dans ton cœur et aligné avec la vie.

	Arbres	Mots-clés symboliques
1.	Abricotier……..	Chaque situation, réveille les rêves du cœur oubliés et le désir de les réaliser, grande transformation, amitié, tendre fidélité, fleurs parfumées aux vertus adoucissantes
2.	Acacia …………	Initiation, renaissance et immortalité, connaissance initiatique, secrets, support du divin dans un aspect triomphant, élégance, bois dur presque imputrescible, épines puissantes, pousses sucrées et gorgées d'eau, nourricier
3.	Amandier………	Renaissance de la vie, floraison fragile et très rapide au printemps, avancer vers le plus grand succès possible, appréciation de ce qui est, être gentil envers soi, douceur, délicatesse, un temps et rythme pour chaque chose, douceur de la vie, fruit de vie
4.	Amélanchier… Arbre aux oiseaux	Support des messagers du ciel, adaptation aux situations corsées et comportant des charges émotionnelles, adaptation aux situations et relations froides, adaptation aux environnements acides et humides, jardin fermé au public, monastère, cloître, baies comestibles mais impossibles à conserver, floraison brève et parfumée
5.	Anacardier……	Ouverture vers le ciel, épanouissement de l'être qui révèle la pureté et la douceur émergeant d'une structure solide capable de supporter les intempéries, simplicité, protège des approches indésirables, floraison parfumée, fruit comestible « noix de cajou » enveloppé d'une coquille âcre et toxique
6.	Angélique……. archangélique	Renforce les racines, racines longues, solides et musclées, aspire aux cieux, inspiration, pensée noble, être aux anges, équilibre psychologique et nerveux, aide à libérer les traumas, s'épanouit en une puissante tige couronnée d'un bouquet de fleurs délicates, ramène au centre, aide à habiter son corps, éveille le courage, la volonté, la force intérieure, la confiance, la capacité de décision, le contact avec le divin, l'ouverture aux énergies angéliques, la bienveillance ressentie intensément
7.	Aubépine………	Espérance, patience qui conduit vers le succès, créativité, fertilité, alignement, recentrage, voie du milieu : n'est jamais

Chapitre 5 – Découvre les arbres totem

	Arbres	Mots-clés symboliques
	Aubépine (suite)	un parasite et ne se laisse pas envahir, libère la fatigue et stress, trouve son espace et sa juste place, développe sa propre vie, aide à prendre une décision, concentration, s'aimer soi-même pour mieux aimer, se recentrer dans le moment présent, stimule les opportunités de croissance à tous les niveaux
8.	Aulne	Protection dans les transitions, rappelle la nécessité d'avoir de bonnes fondations dans plusieurs secteurs de notre vie ou activités, troncs multiples, éveille l'intuition, attention, examen de ce qui est autour de soi, vit en milieu humide pour être bien alimenté pendant les changements
9.	Avocatier	La loi de la moyenne, renouvellement permanent, offre généreusement ce qu'il a à offrir, protège sa structure tout en offrant ses fruits (avocat), toxique et capacité de tuer ceux qui veulent le dévorer, ne supporte pas le froid, arbre vert en permanence (feuilles caduques renouvelées lorsque les nouvelles feuilles émergent), cime ample et touffue
10.	Bambou	Équilibre de la force et la flexibilité, guérison du cœur, croissance très rapide, noblesse, peut nourrir et construire, éveille la paix et la joie, souplesse avec les événements de la vie, capacité de se redresser à des hauteurs inattendues, force et résistance à la tension plus grande que l'acier
11.	Bananier	Création à partir d'un projet bien défini, développement et ramifications très tendres qui disparaissent après le travail accompli, reproduction par les racines (base), durée de vie courte, besoin d'être bien alimenté et nourri pour prospérer, impermanence et instabilité des choses, exigeant en minéraux, constructions mentales à laisser aller, fruits regroupés en régimes, concentration des résultats et fruits de chaque projet
12.	Baobab Arbre magique Arbre pharmacien Arbre de la vie Arbre à palabres Arbre à l'envers	Arbre mythique, symbole de paix, de non-violence et de longévité, lieu central de rencontre pour recevoir l'enseignement des sages, gardien de la vérité, célèbre et facilement reconnaissable, croissance très lente, longue vie (jusqu'à 1000 ans), disposition des branches ressemble à des racines qui tirent leur force directement du ciel, plus large

Arbres	Mots-clés symboliques
Baobab (suite)	que haut, branches horizontales jusqu'à 20 m, circonférence jusqu'à 30 m, adapté aux conditions climatiques extrêmes où il vit, capable d'emmagasiner jusqu'à 100 000 litres d'eau dans son tronc pour survivre à de longues périodes de sécheresse, capacité remarquable à se régénérer, cicatrisation rapide, toutes les parties de l'arbre et ses fruits sont utilisés pour soigner ou nourrir, le tronc se creuse avec l'âge et sert d'abri ou espace d'accueil
13. Basilic sacré…..	Dynamise, stimule la persévérance, le courage, la volonté, le dynamisme pour atteindre ses buts dans le respect de soi et des autres, inspire la modération, prudence pour rester centré, enthousiasme paisible, guérison relationnelle, sens de la pédagogie
14. Bergamote……	Être fragile et réservé caché sous une peau lisse et épaisse, nature chaleureuse empreinte de délicatesse, calme l'agitation, le stress, l'anxiété et l'insomnie, aide le cœur à guérir lorsqu'il vit une grande tristesse et inspire la confiance pour ouvrir son cœur à nouveau, aide l'ouverture au ciel si elle a été fermée par la peine, oriente vers le rayonnement du bonheur, de la joie, transmission de la guérison
15. Bois de rose…..	Favorise la circulation de l'énergie dans le corps de façon très fluide et très douce, accompagne la régénération nerveuse et la récupération de la fatigue et du surmenage, inspire un sentiment de calme intérieur, prépare un travail spirituel, ouverture au divin, support du parfum divin
16. Bouleau…………	Douceur, justice, bonheur, inspiration, réconciliation avec soi, les autres et la vie, modeste, simplicité, estime de soi, bienveillance, séduisant, élégant, support, aime le calme, aime la vie dans la nature, imagination, structure solide sous une écorce fine, nature aimable et apaisante, aide à libérer les tensions, aide à libérer les états de chocs émotionnels et physiques et se détacher des luttes, aide le cerveau à être en harmonie et ensuite le reste du corps, aide à synchroniser les hémisphères du cerveau, favorise l'équilibre de vie et une plus grande force, très lent à se laisser apprivoiser, aide à la

Chapitre 5 - Découvre les arbres totem

	Arbres	Mots-clés symboliques
	Bouleau (suite)	découverte de la vie en soi et du sens de sa vie, intention pure, pilier cosmique, géant d'énergie, énorme quantité d'énergie dans son tronc (voie par où l'énergie du ciel descend et l'énergie de la terre monte), aspiration à s'élever et élever la conscience, éveille l'énergie des nouveaux départs et le nettoyage du passé, artisan des transformations, empathie, communication
		Note - Si tu as besoin de son aide, tu peux appuyer ta tête et ton dos sur son tronc, déposer ta main gauche sur son tronc et ta main droite sur une partie de ton corps qui est douloureuse. Respire calmement, profondément et patiemment. Lorsque tu vas ressentir un réchauffement, accueille la grande bouffée d'énergie qu'il va t'offrir et dis-lui merci.
17.	Bruyère............	Encourage à regarder vers l'avant, éveille la conscience que la véritable guérison qui vient de l'intérieur et non de l'extérieur, stimule l'expression de soi et l'utilisation du potentiel intérieur pour contribuer au monde extérieur, crée des fondations solides et les renforce, déploiement du potentiel, amène la beauté dans la vie, encourage à réaliser ses rêves, aide à libérer la peur de la solitude, besoin de bon drainage pour survivre, apporte nourriture et ombrage rafraîchissant , évite les raccourcis
18.	Buis..................	Longévité, continuité, libération, équilibre entre ciel et terre, développement optimal, croissance lente, délicat, rameaux de Pâques, symbole de continuité de la vie, aide à libérer les cercles vicieux et blocages à l'expression, aide à se dégager de l'emprise des émotions du passé, des chocs et traumatismes, réapprendre à s'aimer et se reconnecter avec la sagesse infinie
19.	Cactus...............	Adaptation, expression de la beauté et de la force intérieure dans toutes les situations et conditions de vie difficiles, souvent extrêmes, redécouvrir la force de vie cachée en soi, racines très efficaces pour se nourrir au maximum
20.	Camélia............	Amoiur, rayonnement de la beauté en soi, perfection, fidélité, beauté parfaite, témoignage d'estime et admiration, humour,

	Arbres	Mots-clés symboliques
	Camélia (suite)	charisme, culture facile, besoin de fraîcheur et beaucoup de lumière, blanche: perpétuelle élégance, rose : fierté de l'amour, rouge : beauté humble, immortalité et générosité
21.	Camomille romaine Camomille noble	Noblesse, sentiment d'harmonie et de sécurité intérieure apporté par la douceur, calme les esprits et apaise l'agitation, les chocs nerveux, le sentiment d'abandon, le stress et les états de dépression, invite à un état de détente profonde et à un sentiment de paix avec soi-même, favorise la créativité et l'action au plan physique, émotionnel et spirituel, inspire l'expression de soi et de sa vérité spirituelle suprême
22.	Carambolier	Se distingue par son originalité, ouverture à la liberté, aime la chaleur, offre un fruit dont la section forme une étoile à cinq branches, exotisme, constance
23.	Caroubier Figuier d'Égypte Fève de Pythagore	Apparence grossière, facilement reconnaissable, apprend à ne pas se fier aux apparences, constance remarquable de la dimension et du poids de ses graines qui est à l'origine de la mesure « carat » pour les pierres précieuses, offre généreusement les fruits de sa croissance enveloppés dans des gousses très dures, épaisses et pendantes (graines de caroube comestibles au goût sucré et chocolaté), croissance en terres ou milieux arides, coriace, invasif, tronc gros et tordu, écorce rugueuse, branchage fourni et large
24.	Catalpa	Foyer paternel, croissance rapide, déploiement abondant, besoin d'assurer la descendance mâle, déploiement lorsqu'il est isolé et mis en évidence, structure fragile à préserver, écorce qui se détache en plaques, odeur désagréable des feuilles lorsque froissées, fleur semblable à un petit soleil
25.	Cèdre	Arbre du cœur, guérisseur des blessures du cœur, des sentiments d'abandon, de jugement et de manque d'amour, guérisseur puissant qui renforce la confiance dans le potentiel intérieur, action douce, sans violence et durable, détermination, amour vrai, grandeur, noblesse, beauté, force, incorruptibilité (ne pourrit pas), préserve l'âme de la corruption, longue vie, immortalité, croissance rapide et

Chapitre 5 - Découvre les arbres totem

	Arbres	Mots-clés symboliques
	Cèdre (suite)	dense, protection, nettoyage, parfum naturel, résistance à la détérioration, aide à régulariser la pression sanguine et la pression vécue au quotidien, aide à dénouer les tensions
		Note - Si tu as besoin de son aide, fais-lui un câlin en le serrant dans tes bras et colle ton cœur et plexus solaire sur lui, et reste dans cette position au moins quinze minutes. Prends environ trente minutes de repos après chaque rencontre avec un cèdre pour que ton corps intègre bien l'énergie reçue. Dis-lui merci.
26.	Cèdre de l'Atlas	Force, grandeur spirituelle, dignité, courage, majestueux, grand et large, circulation de l'énergie de vie, détoxication, purification et guérison, connecte l'énergie Terre-Ciel, renforce le lien avec le divin, équilibre et maîtrise de sa vie, neutralise la dispersion et lourdeur psychologique ou spirituelle, apaisement nerveux, retour de la sérénité, dignité, souveraineté, se fixer un but et à l'atteindre avec courage, composer avec les évènements ou émotions imprévus, renforce en cas de crise ou de déstabilisation
27.	Cerisier	Nouveaux départs, naissance, intuition, foi en plus grand que soi, alignement avec la vie, lâcher-prise de ce qui empêche la croissance, ramène l'espoir, calme les orages émotionnels, rappelle que la mort est suivie de la renaissance, renouveau, franchir les étapes de passage pour renaître, beauté, état pur, bonheur, amour, semence, floraison dynamique
28.	Charme de la Caroline	Charme, beauté, raffinement, attentif à son apparence, prends soin de sa condition physique, confort, raisonnable, discipliné, recherche la gentillesse et la reconnaissance, idéaliste, consciencieux
29.	Châtaignier	Honnêteté, sens développé de la justice, diplomate, manque d'estime de soi, souvent blessé, se sent incompris, difficulté relationnelle, prévoyance, nourriture pour l'hiver, fertilité
30.	Chêne	Arbre sacré dans plusieurs traditions, énergie puissante, force et endurance, longévité et sagesse, ouverture à de nouvelles forces spirituelles, pause pour réfléchir, puissance calme,

Arbres	Mots-clés symboliques
Chêne (suite)	justice, éveille à la nécessité de maîtriser l'énergie masculine électrique, aide à libérer le sentir qu'il faut toujours se battre pour vivre et atteindre ses buts, redonne confiance dans les moments de découragement, fatigue, épuisement ou de pression élevée sur les épaules, éveille la force et la sécurité intérieure, pondère les excès de lutte et le surmenage pour la performance, aide à ramener une vision plus réaliste et retrouver un état plus équilibré, récolte du fruits des efforts des une à deux dernières années, continuité de la vie, courage, force, garde les pieds sur Terre, solidité, élévation matérielle et spirituelle, axe de communication ciel-terre, hospitalité, temple sacré
	Note - Si tu as besoin de son aide, assois-toi à ses pieds. Prends le temps de t'y reposer et même de dormir.
31. Chèvrefeuille...	Accueillir le nouveau et apprendre de ce qui a été vécu pour éviter de reproduire les erreurs, aide à dégager les liens et attaches du passé pour vivre le présent, adaptation, persistance, stimule les rêves significatifs, durabilité, équilibre des hémisphères du cerveau, résurgence des vieux secrets, opportunité de discernement du vrai et du faux, parfum équilibrant, charisme
32. Citronnier........	Apporte un effet tonique et purificateur, nettoie les émotions négatives et influences néfastes, désinfecte et assainit, collabore aux périodes de nouvel équilibre et de rafraîchissement, agit comme catalyseur pour une pensée claire, légère, joyeuse et une meilleure concentration
33. Clémentinier...	Hybride entre le mandarinier et l'orange douce, reproduction de ce qui existe déjà, multiplication uniquement par greffage - clonage, le fruit clémentine est vert à maturité et devient orange sous l'effet du froid, impression d'inachevé, couleur chaude de la création révélée par le froid extérieur, beauté révélée par contraste avec la non-beauté, très parfumé, fruit nourrissant

Chapitre 5 - Découvre les arbres totem

	Arbres	**Mots-clés symboliques**
34.	Cocotier............	Élancé, déployé vers le ciel, croissance continue, s'adapte pour la survie et reproduction, besoin d'ouvrir la carapace de ses fruits pour révéler le cœur tendre nourricier et la richesse intérieure, va avec le courant, flexibilité, base élargie, résiste aux intempéries de la vie, fruit (noix de coco) organisé en régimes, épiderme coriace, coque très résistante, nourricier
35.	Cognassier........	Bonheur, temps d'exprimer l'amour et l'éducation bienveillante, prudence dans l'expression trop rapide des émotions disharmonieuses, éveil l'énergie féminine et maternelle, équilibre l'amour et le support maternel avec puissance et force, encourage la réalisation de soi
36.	Corail................	Arbre de l'eau, force vitale, est vivant dans son élément, rigide et mort à l'extérieur de son milieu de vie naturel, protection des influences négatives, purification des sentiments et des pensées, ne retient pas les énergies qu'il absorbe, lâche prise
37.	Cormier.............	Délicatesse, charme, attire l'attention, enjoué, adore la vie, émotif, talentueux, artiste, bonne compagnie, mouvement, cycle dépendant-indépendant, agitation, pardon difficile
38.	Cornouiller........	Structure légère, élégance, force vivante du sang, nécessité de régler les conflits, la floraison libère les tâches de servante et la maturité des fruits impose les tâches de servantes (beaucoup de travail pour la récolte et la cuisson des fruits récoltés), obligation, abondance
39.	Cotinus.............	Arbre à perruques, résistant, facile à vivre, entretien minimum, beauté originale, décoratif, floraison légère, plumeux, structure de couleur tonique
40.	Cyprès..............	Confort au foyer intérieur et extérieur, nouvelle compréhension des épreuves, fidélité, accueille ce que la vie a à offrir, solidité dans le marécage des émotions et des peurs, éveille la conscience de ce que nous vivons, optimiste, créativité, longévité, tolérance, rappelle que la douleur et la souffrance ne sont pas nécessaires à l'expérience de l'amour, satisfaction, immortalité, verdure persistante, arbre de vie

Alex découvre son totem

	Arbres	**Mots-clés symboliques**
41.	Dattier.............. Palmier dattier	Adaptation, résistance, symbole de ce qui est juste, support à la vie, bénédictions, palme de la victoire, vit dans les oasis, un plant mâle pour cent plants femelles, fruit (datte) sucré et très énergétique, fruits groupés en régimes sur les plants femelles
42.	Églantier...........	Ouverture à soi pour s'ouvrir aux autres, générosité, fleurs à profusion, renouvellement, aide à s'affranchir des limites, jugements et perceptions tordues, utiliser les difficultés pour évoluer et libérer le stress, manifester l'amour, poésie
43.	Épinette..........	Avancer vers ses rêves, courage, confiance intuitive, éveille et aide à garder le focus vers la réalisation des rêves, calme les émotions, force, compréhension, protection, essence aromatique, désintoxication du corps, équilibre de l'énergie, compréhension de la racine des malaises et maladies
		Note - Si tu as besoin de son aide, place ta main gauche sur son tronc et caresse ses branches avec ta main droite. Sens son parfum qui dégage, purifie et apaise les poumons, le stress et les émotions.
44.	Érable...............	Très grande générosité, donne tout de lui-même, patience pour guérir les malaises qui durent longtemps et les blessures émotionnelles longues à guérir, calme la peur, équilibre l'énergie féminine-yin et masculine-yang, équilibre l'énergie des relations humaines, équilibre de l'énergie électrique et magnétique, équilibre en tout, enracinement, stimule l'expression créatrice, éveil le feu intérieur qui illumine la vie, intuition, indépendance d'esprit, création de sa santé, nouvelle naissance
		Note - Si tu as besoin de son aide, appuie ta tête, ton dos et tes talons sur son tronc, deux à trois fois par jour en plein soleil pendant plusieurs jours.
45.	Eucalyptus.......	Équilibre émotionnel, éveille aux messages des rêves, équilibre les vibrations du corps et psychologiques, confiance dans la libération, protection et effet dynamisant, antiseptique, bénéfice médicinal, essence aromatique thérapeutique, apaise l'ambiance remplie d'hyperactivité

Chapitre 5 – Découvre les arbres totem

	Arbres	Mots-clés symboliques
46.	Févier............	Épanouissement léger et irrégulier, aime la richesse, aime établir ses racines dans des environnements nourrissants, prolifique et luxuriant, structure avec ou sans épines, majestueux, fruit comestible, longues gousses à pulpe sucrée
47.	Figuier............	Confiance en soi et son intuition, abondance, lien conscient-inconscient, libère les vieux blocages, utilise les apprentissages du passé comme tremplin pour une nouvelle récolte, sensibilité, nouvelles perceptions intuitives de la vie, choix de vie, intelligence pratique
48.	Frêne...............	Protection, équilibre force et sagesse en période difficile, facilite les connexions, rassemble les opposés, croissance rapide, bon enracinement pour traverser les épreuves, esprit qui éveille la grande puissance et volonté intérieure, source de lumière et d'énergie de vie, amplifie les talents naturels
49.	Gainier............	Faire confiance à ses aptitudes, créativité, sensibilité, rappelle l'habileté à créer notre vie de plusieurs façons, s'adapte à tous les sols et l'argile, écorce en écailles, branches basses, fleurs magentas qui stimulent l'expression créatrice et joyeuse
50.	Genévrier........	Renaissance, immortalité, étalement qui empêche d'endommager les racines, protection, vapeurs et fumigation purificatrice, aiguilles tout le tour de la tige
51.	Ginkgo biloba.. Arbre aux quarante écus (40 écus d'or/arbre en 1788) Arbre aux mille écus (aspect d'un tapis d'or lorsque les feuilles deviennent jaunes à l'automne)	Plus vieil arbre connu sur la Terre, origine de 40 millions d'années avant les dinosaures, écorce lisse devient craquelée et fissurée avec le temps comme le visage ridé avec la vieillesse, feuilles en deux lobes sans nervure centrale comme un cœur qui traverse les âges, très grande résistance aux mutations, radiations et à la pollution, très longue vie (1200 ans), pas de prédateurs, parasites ou maladies, sens caché, croissance, prospérité, charme, tranquillité, survivre au changement, aime s'enraciner dans les sols d'argile et silice, les arbres femelles produisent des ovules remplis de réserves nutritives pour une nouvelle pousse (ou recyclées de façon nauséabonde s'ils ne sont pas fécondés), les arbres mâles sont plus populaires (sans odeur), vit en symbiose avec une algue, arbre médicinal

Arbres	Mots-clés symboliques
52. Glycine………..	Temps de clarification, illumination, nouvel apprentissage à portée de main, opportunités d'apprendre, expression créative et conscience de la puissance des mots, aide à manifester ce qui est bon en soi, passeport vers des niveaux de conscience élevée, lien humain-divin
53. Goyavier……….	Conquête, une des cinq plantes les plus conquérantes du monde, défi, épanouissement, création accessible, nourrissante et répandue, sucrerie de la vie
54. Grenadier……..	Aptitude d'explosion, mettre de la couleur dans la vie, fruit « pomme grenade » ou « poire grenade », carapace du fruit rigide, contient plusieurs cellules au goût sucré-amer, rouge et juteux, écorce vermifuge, fertilité
55. Hamamélis……	Dévoiler la beauté intérieure, douceur, blancheur et pureté de l'Être non camouflées, prends soin du corps et de son apparence, aime à faire circuler la joie, belle floraison sur les branches dénudées de feuilles, fleurs blanches et roses, médicinal et cosmétique
56. Hêtre……………	Confiance en soi et en la vie, créativité, sérénité, calme, assurance, stabilité, force intérieure, veut être ce qu'il est, affirme ce qu'il est sans lutter, tronc et structure droite, dépasse la peur et la timidité, protection, connaissance et expression sages des enseignements du passé, force et grâce en équilibre, équilibre de l'hypersensibilité émotionnelle, communication parlée et écrite épanouie, sens de l'organisation, aime avoir une belle apparence, aime diriger sans prendre de risques inutiles
57. Houx…………….	Clarifier les buts, guerrier pacifique, esprit de Noël, effet stimulant, respect et protection du « petit monde », stimule l'ouverture du cœur, expérience de l'amour véritable, éveille la compassion, inspire le bonheur, aide à comprendre les émotions, aide à libérer les sentiments destructeurs et le refus de l'amour, contact avec le divin sacré en soi, active l'énergie masculine de façon créative, message de protection et rassemble l'énergie, affirmation de soi et de ses objectifs

Chapitre 5 – Découvre les arbres totem

	Arbres	Mots-clés symboliques
58.	If..............	Médecin des forêts, arbre ancien rare à l'état naturel, croissance relativement lente, durée de vie très longue (2000 ans), patience, sagesse, connaissance, droiture, mort et immortalité, symbole de vie, toxicité de toute la plante sauf l'arille (fruit rouge), propriétés anticancéreuses dérivées des toxines, enseigne la sagesse de la dose qui tue ou qui guérit, contraste coloré entre le cœur et l'aubier du bois, contraste coloré entre le cœur et la personnalité apparente, excellence pour ce qui est relié à l'écoute et au sens de l'ouïe, qualités acoustiques exceptionnelles, stable, robuste et souple (construction d'arc), écorce rouge à l'énergie bien enracinée, aiguilles plates, bourgeonnement facile, imputrescible
59.	Jasmin...........	Grâce, absolu, pureté de l'énergie féminine posée sur des bases solides et vigoureuses, unité des opposés yin et yang, unité de la force et la douceur, s'épanouit en offrant des fleurs et odeurs délicates et précieuses pour aromatiser et parfumer l'essence de la vie, inspire le développement spirituel, l'élévation de conscience, l'unification de l'Amour physique et divin, sensibilité artistique, élégance, arôme angélique
60.	Kiwi.............	Premier contact étrange, surprenant ou désagréable, découverte de la richesse et du potentiel en dégageant la barrière des apparences, affirmation de soi subtile, rameaux de bois à l'état sauvage ou cultivés, le fruit kiwi a une pulpe verte ou jaune sucrée, acidulée et entourée d'une peau brune poilue, les fleurs des plants mâles produisent du pollen et celles des plants femelles produisent les fruits, pollinisation difficile car leurs fleurs ne sont pas très attirantes pour les abeilles, graines noires comestibles
61.	Laurier........... noble	Symbole de noblesse et d'immortalité, force tranquille qui agit et consolide la structure et le plexus solaire (centre du pouvoir), favorise l'équilibre pour prendre sa place et assumer sa liberté, pour traverser les passages de façon calme et réfléchie, pour rassembler les conditions spirituelles favorables à la victoire, à la gloire, à l'expression douce et puissante de Soi, confiance en la vie, renommée, triomphe

	Arbres	**Mots-clés symboliques**
62.	Lavande vraie..	Présence, fleurie et agréable, équilibre et calme l'agitation reliée aux conflits de pouvoir et relations interpersonnelles, repos, calme, apaise le stress, l'anxiété, la colère, l'énervement, respiration profonde, vérité et transparence, équilibre physique, spirituel et énergétique, harmonie intérieure, spiritualité au quotidien, régénère l'expression de soi
63.	Liège...............	Protection, enseigne la patience et le respect des cycles de croissance, enseigne qu'il n'est pas nécessaire de détruire pour obtenir ce que l'on veut qui est unique, légèreté, souplesse, résistance, isolant, durabilité, protège l'arbre des insectes, du froid et des intempéries tout en lui permettant de respirer par de minces canaux (trous du liège), récupéré sans abattre le chêne-liège: le premier écorçage ramasse le liège mâle brun-noir, ensuite le liège femelle de couleur claire pousse et est enlevé à son tour (cycle de régénération 9-15 ans), faible densité, antistatique, résiste au feu et à l'eau, bon isolant, isolation thermique, acoustique et vibratoire, se décompose lentement
64.	Lilas...................	Équilibre l'esprit et l'intellect, contact avec l'essence spirituelle, favorise un esprit clair, alignement et spiritualisation de l'intellect, souplesse, peut éveiller la clairvoyance, harmonisation avec notre vie présente, beauté en tout, bonheur partagé, parfum et floraison magnifiques, couleur et essence bénéfiques pour la santé
65.	Litchi................	Profondeur d'être chaleureuse, caractère variable, présence dense et enveloppante, tronc ramifié près du sol, diversification à la racine, écorce lisse très irrégulière côtelée ou cannelée, bois à grain fin et chaleureux, fruits « litchi » en grappes pendantes avec une partie comestible blanchâtre parfumée juteuse et une graine toxique, facile à décortiquer
66.	Magnolia..........	Dignité, récupérer ce qui a été perdu, fidélité et foi en notre idéal, dissout les interférences et pressions externes nocives, renforce l'énergie pour les activités du cœur, aligne l'intellect au service du cœur, vérité et intégrité, puissance, élégance, parfum stimule les ouvertures psychiques et l'intuition, gaieté

Chapitre 5 – Découvre les arbres totem

	Arbres	**Mots-clés symboliques**
67.	Mandarinier....	Contact avec la sécurité intérieure, purifie et apporte une atmosphère de fraicheur, de douceur, de détente et réconfort, rassure et modère les réactions extrêmes, sécurité intérieure pour les communications et relations interpersonnelles, apaise le système nerveux et la sensibilité, être présent au ici et maintenant, se reconnecter à l'enfant intérieur, retrouver la joie de vivre dans l'innocence, la gaieté et l'ouverture d'esprit enfantine, aime la chaleur confortable, petit arbre, simple
68.	Manguier.........	Confiance dans les habiletés psychiques, éclaire les messages de l'hypersensibilité, intuition, espoir, réalisation spirituelle, alignement avec la nature
69.	Marronnier....	Aide à trouver la paix de l'esprit, optimisme, concentration, lâcher prise, ouverture et liberté intérieure, se relever en être debout solide et confiant, effet apaisant et fortifiant, aide à libérer les cercles vicieux et patterns nocifs (anxiété de la sécurité des autres en négligeant la sienne, aller aux limites de l'endurance, pensées, paroles et actions de destruction), montre ses fleurs et fruits au ciel et à la terre
70.	Mélèze............	Libère les secrets cachés, authenticité, confiance, révélation de la vraie nature, libère de la peur de ne pas être assez..., de se sentir inférieur et l'autosabotage, vivre dans la joie, nouveau dépassement, détachement des apparences et de la réputation, pardon profond envers soi, immortalité
71.	Merisier.......... Cerisier des oiseaux Cerisier sauvage Cerisier des bois	Enracinement puissant, racines profondes et longues, personnalité fine, qualité, résistance, douceur ou amertume de la vie, croissance très rapide et très exigeante en lumière, grandeur, droiture, durabilité, fécondité, écorce fine, cime étroite à arrondie et retombantes en vieillissant, floraison blanche avant l'apparence des feuilles, fruits « merises » comestibles et amères ou fruits « cerise douce » rouge foncé comestibles et sucrés
72.	Mûrier.............	S'élever vers la souveraineté, arbre du levant, marche rythmée ascendante vers le soleil, patience jusqu'à ce que tout soit mûr pour la réussite, élimine les mauvaises influences

	Arbres	**Mots-clés symboliques**
73.	Myrte vert à cinéole	Inspire le courage pour transformer les perceptions des problèmes et conflits et retrouver un état d'harmonie, de calme psychique, de joie et amour universel, développe des bases et structures bien affirmées, favorise la prévention et le repos nécessaire pour la purification émotionnelle, collabore à la libération des dépendances destructrices, des sentiments négatifs et blessures du passé, fleurs pures et aromatiques, fraîcheur pénétrante
74.	Néflier	Prend son temps, offre ce qu'il a à offrir seulement lorsqu'il est prêt, ne supporte par la pression ou les coupures de temps pour arriver à un résultat, cesse de donner des fruits s'il est coupé ou taillé, appelle au respect du rythme de chacun, épanouissement étalé, peu exigeant, structure tortueuse du tronc et des rameaux, écorce écailleuse, feuilles simples dentelées de façon irrégulière, bois dense à grain fin, floraison et fruits nèfles après les premières gelées
75.	Noisetier Coudrier	Temps de transformation, action basée sur l'inspiration, stimule le potentiel artistique et poétique, développer nos talents, sagesse cachée, esprit calme, grande sensibilité aux champs électromagnétiques de la terre et des personnes, sens précis de la justesse, sagesse, savoir, potentiel médicinal, contrôle de l'érosion, fertilité, fruit noisette
76.	Noyer	Puissance pour les transitions, sagesse cachée, coquille protectrice pour vivre les changements, confiance dans l'aspect bénéfique du changement, nettoie et purifie le champ électromagnétique pour percevoir et accomplir de la meilleure façon possible, sortir du cocon, liberté d'esprit, renaissance, initiation, alignement et droiture avec soi, prospérité, fertilité, nourrissant et médicinal, aromatique
77.	Noyer d'Amérique Hickory	Persévérance, équilibre de la force et la souplesse, aide à traverser les étapes et passages difficiles, nouvelle croissance rapide pour un arbre au bois dur après les désastres écologiques, ouvre les portes de la liberté intérieure, aide à changer de regard, se motiver, retrouver le discernement, renforce le cœur, autonomie, respect de son rythme et des

Chapitre 5 – Découvre les arbres totem

	Arbres	Mots-clés symboliques
	Noyer d'Amérique Hickory (suite)	rythmes de la vie, partage une énergie puissante et stimulante (repos difficile sous un noyer), bois dur résistant aux impacts, branches très ramifiées, s'adapte aux sols pauvres et conditions non optimales
78.	Olivier.............	Arbre de la Paix, paix de l'esprit, victoire, récompense, recherche de paix et harmonie, faire confiance à sa guidance intérieure, apporte une très grande résistance aux conditions difficiles, aide à libérer l'épuisement psychologique et physique, invite à manifester une plus grande force intérieure et foi réelles, régénération, restaure l'énergie de vie, clair audience, sensibilité, espoir et volonté de jouir de la vie, sagesse, sens de la justice, empathie, paradis, purification, hospitalité jusqu'à la résurrection
79.	Oranger.............	Faire confiance à ses émotions et rêves, rappelle de trouver l'équilibre entre la surprotection et sous-protection pour notre sensibilité et nos émotions, stimule la clarté émotionnelle, peut aider à libérer en douceur les traumatismes émotionnels, lâcher prise sur les tensions et peurs conscientes et inconscientes, pureté, pelure épaisse recouvrant un intérieur juteux et sucré, parfum purificateur
80.	Oranger............. Orange douce	Invite à la limpidité et la fluidité pour couler avec la vie, harmonise et purifie, remonte le moral, favorise le renouveau de l'émerveillement, joie, gaieté, créativité, intuition, simplicité d'être et d'action, communications colorées et transparentes, purification des émotions lourdes de colère, disputes, anxiété et la négativité, collabore à la réparation des déchirures, au lâcher-prise et à détendre l'atmosphère, arôme de douceur fruitée qui apaise
81.	Orme.............	Faire confiance à notre intuition, se tient debout dans des conditions extrêmes, écoute de l'appel intérieur, force, joie, générosité, sensibilité, délicatesse, intuition, confiance à notre voix intérieure et ressenti, sens pratique, aide à libérer le sentiment de ne pas être à la hauteur, aide à prévenir l'épuisement, tronc élevé et droit, branches très épanouies en forme de fontaine

Arbres	Mots-clés symboliques
82. Pacanier	Équilibre des polarités extrêmes et des hémisphères du cerveau, noix de pacane à deux lobes comme le cerveau, stimulé par les défis et conditions extrêmes, apprécie les climats à forte amplitude thermique, supporte les grands froids et a besoin d'été très chaud et long pour offrir ses fruits, base et structure très large, noix comestible tendre enveloppée d'une coquille lisse et très rigide, grandeur
83. Palétuvier	Force de la nature, capacité d'adaptation, racines aériennes développées qui sortent de la boue ou des rivages d'eau salée pour capter l'oxygène dont elles ont besoin, résilience, supporte d'être noyé régulièrement, protège des tempêtes et du littoral instable, survit en milieu faiblement oxygéné, libère des toxines en brûlant parce qu'il est chargé de sel
84. Palmarosa	Douceur, fraicheur, tonique général, action élargie, approche adaptée aux enfants, calme les sentiments et émotions de feu et l'inflammation, apaise le stress, l'irritabilité, la colère, la frustration, l'hystérie, l'excitation, l'hyperémotivité, diminue le sentiment de culpabilité, nouvel équilibre, adaptabilité quand se sent partagés entre plusieurs actions, harmonise le sentiment de "mal dans sa peau", guérison
85. Palmier	Maintien de la paix par les apprentissages des expériences passées, énergie calmante, protection collective, invite à la célébration, à chercher et réaliser le divin en soi, feuillage en forme de parapluie protecteur, réussite (remporter la palme)
86. Papayer	Transformation, personnalisation, travail continuel, survie, toute la plante contient l'enzyme papaïne qui coupe les structures de protéines en acides aminés pour qu'ils soient disponibles pour être recombinés selon les besoins du corps, digestion, feuilles rassemblées au sommet du tronc, floraison à longueur d'année, tronc creux, écorce verdâtre
87. Patchouli	Renforce et recentre les bases, stabilité et enracinement très profond dans la Terre, aide à se déposer les deux pieds sur Terre, se concentrer lorsque la tendance est de "flotter dans les nuages", s'orienter vers l'avenir avec sérénité, fidélité à

Arbres	Mots-clés symboliques
Patchouli (suite)	ses convictions, réconciliation avec ses origines, courage, exprimer ses émotions calmement et dissoudre les peurs, le doute et le manque de confiance en soi, acceptation de son individualité, dépasser ses limites, deuxième souffle, force intérieure pour calmer l'agitation mentale au contact de la réalité terrestre, ajoute de la sensualité et de la fantaisie pour se recentrer et habiter son corps, stimule la volonté de vivre
88. Pêcher	Innovation et créativité artistique, réactive la force de vie, éveil de la sagesse enfouie, pureté, fidélité, active les énergies calmantes pour les émotions, bénédictions des possibilités artistiques, encourage les activités qui gardent jeune et ralentissent le vieillissement, nouvelle naissance, aboutissement du voyage initiatique
89. Peuplier	Noblesse, croissance rapide, racines élaborées et puissantes, soutenir et réaliser ses rêves, possibilités et opportunités, courage, volonté, renforce la communication avec Soi, rappelle que tout est possible, espérance, élimine ce qui n'est plus nécessaire, confronte la peur et le doute par la communication, rappelle qu'il y a du soleil même dans les jours sombres de peurs et doutes, calme l'anxiété, aide à renaître, maîtrise de l'état de rêve
90. Peuplier faux-tremble	S'ouvrir à la vie avec confiance, sécurité d'être bien guidé et accompagné, communication avec Soi, dénouement rapide, support pour l'hypersensibilité et le tremblement intérieur, détend l'anxiété existentielle et le sentiment de danger imminent, allège le sentiment de porter un fardeau et le questionnement continuel, adoucit les relations, calme lce qui fait trembler intérieurement (stress, anxiété, angoisse, peur, inquiétude, cauchemars, troubles psychiques)
	Note – Si tu as besoin de son aide, appuie-toi sur son tronc. Si tu ressens un petit malaise au début, c'est parce que tu absorbes l'énergie moins rapidement qu'il te la donne. Fais-lui confiance. Tu peux lui confier tes problèmes pour qu'ils soient purifiés et il t'aidera à les alléger et à retrouver un sentiment de sécurité et de confiance.

Arbres	Mots-clés symboliques
91. Pin	Équilibre la puissance et la douceur, détente, calme, protection émotionnelle, apaise les états émotionnels, non-violence, pardon, amour inconditionnel de soi, se faire confiance, aide à dénouer les nœuds émotionnels (culpabilité, états dépressifs, tendance à se faire des reproches, insatisfaction de soi, sentiment d'échec même en réussissant), guérison, invite à la prudence pour le babillage et la divulgation des secrets, gentillesse et sensibilité dans les relations humaines, décisions les plus éclairées possibles, vit en fonction de ce qui est présent, rend la vie confortable, digne de confiance, éveille la vitalité et la joie de vivre, aide à voir clair et redécouvrir le lien avec la vie, se sentir vivant, peut s'élever très haut autofécondation et porteur de vie, immortalité, persistance, rend le corps léger, essence qui soulage la douleur, rayonne la lumière par ses rameaux plus longtemps que la majorité des arbres, incorruptible (résine), éternel retour (cocotte), parfum Note - Si tu as besoin de son aide, installe-toi près de lui pendant un bon moment. Tu peux rester longtemps en sa présence car il t'aide à refaire le plein d'énergie avec beaucoup de douceur et de façon spontanée et durable.
92. Pin ponderosa	Développe des racines profondes et épanouies pour supporter les périodes de sécheresse ou difficiles à traverser, inspire à être solidement enraciné pour être capable de vivre à haute altitude, s'élève droit vers le ciel avec intégrité, favorise la rééquilibration nerveuse et la relaxation
93. Pin sylvestre	Favorise l'enracinement et la respiration libre, apporte à la vie des touches de douceur, de finesse, de sensations agréables, de purification, sensations énergiques de bien-être spirituel et physique, collabore à l'accélération de la guérison du corps physique, nettoyage des endroits sacrés pour soi et nettoyage après l'exposition aux foules
94. Pistachier	Émergence du meilleur de soi dans les conditions arides, synchronisation yin-yang, partenariat, floraison synchronisée des arbres mâles et femelles pour avoir des fruits « pistaches », pousse dans les roches calcaires ou riches en silice

Chapitre 5 – Découvre les arbres totem

	Arbres	**Mots-clés symboliques**
95.	Platane............	Rappelle d'accueillir les petits cadeaux de la vie pour se préparer à en accueillir les gros, loi de l'abondance, utilisation de l'abondance pour le plus grand bien, gratuité, intuition féminine, nouvelle vie, cadeaux, compliments, alimentation et beauté, aime avoir les pieds dans l'eau, réceptivité par les pieds, réflexologie, bains de pieds, connexion avec la nature
96.	Pommier.........	Douceur et bonté dans la vie, éveille les véritables désirs du cœur, générosité et élan pour aller vers les autres, bonheur, partage joyeux, cycle des périodes d'abondance et de repos, aide à garder notre attention et éviter de se disperser, connaissance, guérison, joie d'être soi, magie en soi, jeu, féérie, charme, séduction, veut aimer et être aimé
97.	Poirier..............	Pureté, justice, homogénéité, apprendre à se déposer, s'asseoir en position de méditation, en position de lotus, caractère éphémère de l'existence, fragilité, compact et beau lorsque mis en valeur, fruit « poire » avec une base plus large que le haut du fruit, reproduction par greffe nécessaire pour avoir des fruits à qualités et saveurs reproductibles, écorce tonique et astringente, médicinal
98.	Prunier.............	Apaise l'agitation mentale et la peur de perdre le contrôle, équilibre les forces de l'intellect, message de paix, respirer avec la vie, libère en douceur, aide à libérer la peur de soi, les peurs et la violence réprimée, détachement, baume sur les blessures, pardon, pureté, printemps et renouveau
99.	Rhododendron	Arbre à roses, offert pour dire « vous êtes la plus belle », beauté, tempérance, enracinement superficiel, racines fibreuses, dépolluante, invasive, avertie du danger, aime les sols acides et l'ombrage, forme étalée et arrondie, sans odeur, nain à géant
100.	Robinier...........	S'adapte partout, attire les papillons et les êtres qui prennent leur envol, structure un peu chancelante, fragile aux intempéries, espoir, lueur au bout du tunnel

	Arbres	Mots-clés symboliques
101.	Romarin à verbénone	Favorise la régulation et l'équilibre intérieur, maîtrise émotionnelle et confiance en soi physique, psychique et spirituelle, stimule le cerveau et l'activité mentale, pensée vive, clarté spirituelle, vision nette, clairvoyance, éveille la confiance dans la protection spirituelle, contribue à la protection psychique et à la protection et le nettoyage de maison
102.	Rose	Rayonnement de l'amour, amour humain et divin, amour divin et union au St-Esprit, amour universel, parfum des anges, sensualité, beauté sous toutes ses formes, cœur, guérison du cœur, ouverture du cœur fermé par la tristesse
103.	Roseau	Chant mystique pour retrouver la vie éternelle (flûte), flexibilité, fragilité, purification et protection dans les passages de la mort, âme ardente qui pleure et chante
104.	Sapin	Développement symétrique, lien fluide et souple entre la terre et le ciel, équilibre le matériel et le spirituel, équilibre l'esprit et la matière, digne, fluidité, croissance rapide, aime ce qui est beau, ambitieux, talentueux, travailleur, fiable, lâche prise, attentif à ses proches, aide à respirer et gérer les émotions, aide à libérer les blocages et lourdeurs physiques, la peine, la tristesse, le sentiment de rejet, de solitude et le manque de liberté, aromatique, vapeurs revivifie le sang et les poumons Note - Si tu as besoin de son aide, place ta main gauche sur son tronc et caresse ses branches avec ta main droite. Sens son parfum qui dégage, purifie et apaise les poumons, le stress et les émotions.
105.	Sapin baumier	Favorise l'enracinement et des bases solides, droites et bien alignées avec le ciel, odeur douce tonique et stimulante qui favorise une respiration profonde, collabore à la libération des états dépressifs physiques et psychiques, à la libération des dépendances en synergie avec le myrte vert et la bergamote, réanime le contact avec la nature et une nouvelle énergie d'action et de régénération

Chapitre 5 - Découvre les arbres totem

	Arbres	Mots-clés symboliques
106.	Sapin blanc .... du Colorado	Conscience du support riche et solide de la nature et de la Vie et de l'éternité, éveille le sentiment d'enracinement, d'ancrage et de puissance personnelle en ayant les deux pieds sur Terre, favorise un enracinement puissant et des bases solides bien alignées avec le ciel, pureté de droiture et intégrité, aide à se sentir protégé, solide avec soi-même et à reconnaître sa grandeur d'être, offre le raffinement d'une rareté privilégiée aux couleurs de la paix, odeur douce et tonique qui favorise une respiration profonde et l'adaptabilité
107.	Sapin Douglas...	Favorise l'enracinement et des bases solides, droites et bien alignées avec le ciel, révèle une personnalité tendre cachée sous son écorce, aide à se sentir à l'abri, protégé, dans un cocon de récupération et de régénération, aide à se libérer de ce qui empêche de respirer et se sentir libre, éveille la conscience de la grandeur d'être, de la paix, de l'éternité, d'un support riche et solide de la nature, de la Vie, utilisé pour la purification des locaux, odeur douce et tonique qui favorise une respiration profonde
108.	Sapin géant.......	Favorise l'enracinement profond et des bases solides bien alignées avec le ciel, révèle la droiture et la grandeur de l'être et de la création, éveille un sentiment d'émerveillement, de protection et de contact avec l'éternité, collabore à la libération des sentiments dépressifs physiques et psychiques, à la libération des dépendances en synergie avec le myrte vert et la bergamote, à l'émergence de nouvelles énergies d'action, de récupération et de régénération, de paix intérieure et de conscience de Soi, favorise une respiration profonde, tonique et régénératrice
109.	Sapin Hemlock.. Pruche	Favorise l'enracinement et des bases solides bien alignées avec le ciel, révèle la droiture et légèreté de l'être, liberté de respirer à son rythme, accompagne la libération des sentiments dépressifs physiques et psychiques, et l'émergence d'une force intérieure tonique pour choisir la vie, accompagne les passages de la vie, les naissances et renaissances, l'accueil de la vie, la douceur envers soi-même, la conscience de l'ouverture à Soi, du contact avec la nature et la Vie

	Arbres	Mots-clés symboliques
110.	Saule pleureur...	Arbre de vie, grâce, connexion puissante avec l'eau, beauté, empathie, douce mélancolie, flexibilité, connexions, confiance aux visions intérieures, énergie du futur, espoir et inspiration pour ce qui est à venir, promesse de la réalisation, renouveau cyclique, revitalisation, éveil du feu intérieur, immortalité, acceptation, pardon, reconnaissance, croissance rapide stimule la guérison à différents niveaux, aide à libérer l'amertume, le ressentiment et le sentiment d'injustice, exploration élargie, opportunités de communication, puissantes, clairaudience, rêve, survie et vivacité des rameaux coupés et plantés, élégance
111.	Séquoia.............	Caractère sacré, poursuivre de nouvelles visions, vision spirituelle, éveille une intuition claire de notre vision personnelle et ce que nous avons à faire pour la mettre en action, les grands changements et grandes croissances se font un pas à la fois, rappelle d'avoir une vision d'ensemble large et élevée alignement et compréhension des cycles d'évolution, protection ancienne, longue vie (jusqu'à 2000+ ans), vit en groupe comme un conseil d'esprits sages, tronc extrêmement haut (jusqu'à 270 pieds) et large (jusqu'à 25 pieds), résistance extrême à la décomposition et au feu, grande capacité de guérison apportée par le tannin, énergie puissante qui aide à désamorcer les ravageurs de la vie et à s'y immuniser, équilibre
112.	Sorbier............	Énergie protectrice forte, encourage la maîtrise des émotions et situations pour notre plus grand bien, renforce le champ électromagnétique humain, aide à protéger et libérer les énergies nocives, maîtrise de soi, discrimination et discernement, puissance maximum à l'automne, ornementale et nourrissant pour les oiseaux et humains
113.	Sumac..............	Ramène la souplesse dans la structure et la carapace, active les processus de guérison, aide à délier les raideurs, détoxication, certaines espèces sont comestibles et d'autres vénéneuses-toxiques

Chapitre 5 – Découvre les arbres totem

	Arbres	**Mots-clés symboliques**
114.	Sureau............	Régénération, vœux et accomplissement, transition des débuts et fins de cycles, protection des enfants-créations, rappelle de protéger nos espaces sacrés, rappelle la prudence sage, libère la peur de perdre ou de perdre la face, catalyseur de l'éveil et la renaissance, capacité d'émerveillement, imagination et fertilité
115.	Tamaris............ Arbre à boucane	Résiste aux courants changeants, résiste au ballottement des mentalités, aide à mettre des limites, occupe sa place sans s'affirmer, capable de nommer les choses floues, résiste bien au vent, aime le soleil et être bien drainé, floraison en grappes floues
116.	Thuya...............	Immortalité, douceur, odeur très agréable et apaisante, rondeur, verdure persistante, peut être approché de l'extérieur en toute sécurité, prudence pour ramener sa puissance à l'intérieur de soi qui peut être toxique et mortelle si elle n'est pas dosée ou accompagnée adéquatement
117.	Tilleul................	Suivre son cœur, garde l'enfant et le rêveur vivant en soi, voir la beauté au-delà des apparences, révèle le meilleur dans chaque situation, réveille les rêves du cœur oubliés et le désir de les réaliser, grande transformation, amitié, tendre fidélité, fleurs parfumées aux vertus adoucissantes
118.	Tremble...........	Pionnier, libère les peurs d'origine inconnue, libère ce qui fait trembler, aime vivre en pleine lumière et dans les espaces libres, écorce lisse et crevassée avec l'âge, bois pâle très homogène, souvent regroupés en bosquets, taille moyenne, petites feuilles très souples, faible durabilité

Note – Si tu as besoin de son aide, appuie-toi sur son tronc. Si tu ressens un petit malaise au début, c'est parce que tu absorbes l'énergie moins rapidement qu'il te la donne. Fais-lui confiance. Tu peux lui confier tes problèmes pour qu'ils soient purifiés et il t'aidera à les alléger et à retrouver un sentiment de sécurité et de confiance.

Arbres	Mots-clés symboliques
119. Vétiver............	Favorise un enracinement profondément ancré dans le sol avec des racines puissantes, longues, résistantes, transmet l'énergie des forces telluriques pour recentrer et ramener les deux pieds sur Terre, protège de la sensibilité excessive et des structures vulnérables aux forces extérieures, encourage le mouvement intérieur dans le sens de la vie, transforme le sentiment d'éponge et protège des déchets psychiques provenant des autres, apporte un effet apaisant et calmant pour retrouver le sentiment de certitude et de sécurité intérieure, reprendre contact avec son corps, concrétiser ses objectifs par une action équilibrée et très efficace, unifier l'intégrité physique et spirituelle
120. Viorne.............	Croissance en équilibre, discret en temps normal et resplendissant lorsqu'il offre ses créations, transparence, aime nourrir le lien avec le ciel, céder la place à la lumière, autonomie, refuge, versatile, décoratif, fruits aimés des oiseaux, fleurs en ombrelles, feuilles simples
121. Ylang-Ylang......	Sentiment et état d'équilibre intérieur, éveille un sentiment de sécurité, de calme intérieur et une nouvelle paix, décrispe en cas de stress, angoisses, peurs, phobies et états dépressifs, aide à libérer les sentiments et émotions de colère, frustration et culpabilité, favorise l'expression et la communication, note tonique, généreuse, joyeuse, légère et optimiste de la vie
122. Yucca...............	Ajoute de la vie à l'environnement, beauté et survie par la persévérance, résilience, croissance lente, adaptation à la vie dans le désert, branches tordues, racines superficielles

Chapitre 5 – Découvre les arbres totem

Chapitre 6
Découvre les couleurs totem

« Alex, voici maintenant la troisième liste. Elle te parle des couleurs. Symboliquement elles peuvent exprimer l'état de certaines émotions, expériences et apprentissages présents dans ta vie, en ce moment.

L'énergie des couleurs est puissante. Elle peut influencer ou décrire ton humeur, ton état intérieur, ce que tu désires montrer, le décor dans lequel tu aimes te retrouver, etc. La plupart du temps, les couleurs que tu choisis sont guidées par tes perceptions, souvenirs d'expériences, émotions, croyances, valeurs, identités, schémas de pensée, etc.

Au fil de l'histoire, les couleurs ont exprimé les pensées conscientes et inconscientes, et elles ont aussi été des symboles reliés à l'ordre biologique, éthique, religieux, culturel, social, politique et énergétique.

En observant les couleurs que tu as choisies et les endroits où tu les as utilisées, elles peuvent t'inspirer quelque chose à propos de l'énergie et de la fluidité ou la résistance avec lesquelles tu avances dans le courant de la vie.

Si tu veux, je vais clarifier pour toi les mots de vocabulaire qui sont utilisés pour décrire les couleurs et leurs nuances. »

« Oui bien sûr ! Peut-être que je serai un artiste ! Et je pourrai mettre de la couleur dans ma vie et la rayonner autour de moi ! »

« Ah ! ah ! ah ! Alex, tu as l'esprit vif et tu es toujours intéressé à apprendre. C'est très agréable.

Alors je continue. Pour que cela soit plus simple et plus facile à retenir, tu peux prendre une feuille et noter ce vocabulaire et ce qu'il signifie.

 Les couleurs primaires, secondaires et tertiaires
Les couleurs primaires sont les couleurs de base.
Il y en a trois: le bleu, le rouge et le jaune.
Lorsque ces trois couleurs sont présentes ensemble, le résultat est le blanc.
Et s'il n'y a aucune couleur, le résultat est le noir.

	le bleu (B)
	le rouge (R)
	le jaune (J)

Les couleurs secondaires sont créées par le mélange des couleurs primaires.
Il y en a trois: le vert, le violet et l'orange.
Voici les recettes pour les obtenir:

	le vert (V)	: V = R+B
	le violet (Vi)	: Vi = B+J
	l'orange (O)	: O = J+R

Les couleurs tertiaires sont créées par le mélange des couleurs primaires et secondaires. Il y en a six: la lime, le pourpre, l'indigo, l'ocre, le turquoise et le vermillon.

Chapitre 6 - Découvre les couleurs totem

Voici les recettes pour les obtenir:

la lime (L)   : L = V+J
le pourpre (P)   : P = R+Vi
l'indigo (I)   : I = Vi+B

l'ocre (Oc)   : Oc = J+O
le turquoise (T)   : T = V+B
le vermillon (Vr) : Vr = O+R

L'ensemble des couleurs primaires, secondaires et tertiaires est souvent rassemblé sous forme d'un cercle, appelé cercle chromatique et qui peut être représenté de différentes façons:

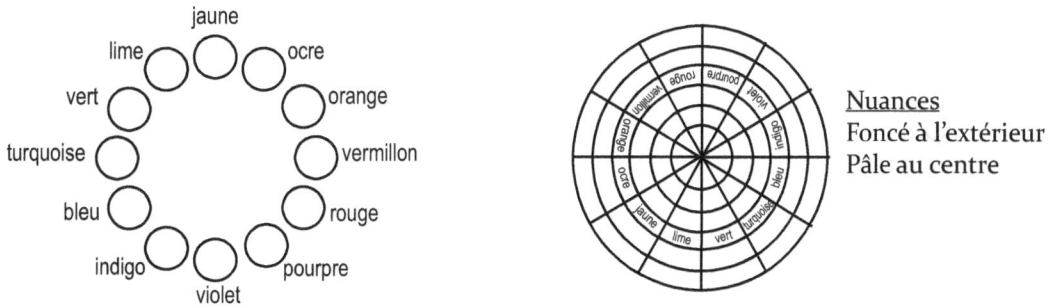

Il y a ensuite un très grand nombre d'autres couleurs que tu peux créer par les mélanges des couleurs primaires, secondaires, tertiaires, le blanc et le noir. »

Les couleurs complémentaires
Les couleurs complémentaires sont les couleurs qui sont situées dans les positions opposées du cercle chromatique. Par exemple, le rouge et le vert sont des couleurs complémentaires, le bleu et l'orange, ou encore le jaune et le violet.

Les nuances de couleurs
Il y a plusieurs nuances possibles pour chaque couleur. Par exemple:
- Une couleur dégradée est une couleur mélangée avec du blanc.
- Une couleur rabattue est une couleur mélangée avec du noir.
- Une couleur grise est une couleur mélangée avec du blanc et du noir.

- Une couleur grise sale est une couleur mélangée avec sa couleur complémentaire en quantité égale, et avec du blanc.
- Une couleur rompue est une couleur mélangée avec sa couleur complémentaire en quantité inégale, et avec du blanc.
- Une couleur chaude est une couleur à dominante rouge.
- Une couleur froide est une couleur à dominante bleue.

Les effets de couleurs

Tu as probablement déjà remarqué que la position des couleurs les unes par rapport aux autres peut produire des effets bien différents. Par exemple :

- Lorsque deux couleurs froides (ou deux couleurs chaudes) sont présentes côte à côte dans un dessin, cela crée un effet appelé « réchauffé ».

- Lorsqu'une couleur et sa couleur complémentaire sont présentes côte à côte, cela crée un effet appelé « contraste maximum ».

- Lorsque tu utilises une seule couleur dégradée par le blanc et le noir, cela crée un effet appelé « monochrome ».

- Lorsque tu utilises les différentes teintes des couleurs en les plaçant une à côté des autres de façon ordonnée, cela crée un effet appelé « gamme de couleurs ».

- Lorsque tu utilises une couleur de façon dominante, accompagnée d'autres couleurs qui sont dans des teintes complémentaires, cela crée un effet appelé « gamme harmonique ».

« C'est impressionnant ! Dis-moi Grand-père Révélation, comment fait-on pour créer une couleur et la reproduire ? »

« C'est une excellente question Alex. Pour être capable de reproduire une couleur, il est nécessaire de savoir quelle recette tu as utilisée pour la créer. Si tu ne le sais pas, tu peux utiliser des instruments scientifiques appelés colorimètres ou spectrophotomètres. Tu peux aussi utiliser un logiciel sur ton ordinateur qui te permet d'identifier les recettes de couleurs avec des systèmes de codes. C'est ce qui est utilisé par les fabricants de peinture, de matériel artistique coloré, dans les beaux-arts, pour l'imprimerie, dans la configuration de ton ordinateur et de ton imprimante, et dans beaucoup d'autres applications.

Chapitre 6 - Découvre les couleurs totem

Les codes principaux sont le code RVB (RGB) et le code CMJN (CMYK).

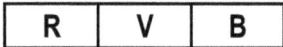

LE CODE R V B - Le code RVB identifie les proportions de Rouge, Vert et Bleu. Ce code utilise une échelle de 0 à 255. La couleur blanche a le code RVB 255-255-255, donc le rouge, le vert et le bleu sont présents en quantités égales, au maximum de cette échelle. La couleur noire a le code RVB 0-0-0, donc il n'y a pas de rouge, pas de vert et pas de bleu utilisé pour créer le noir.

Il est possible que tu trouves des références utilisant le code RVB sous le nom de RGB, qui est la traduction anglophone de ces trois couleurs primaires: «Red, Green, Blue».

Le code RVB peut aussi être exprimé avec une échelle hexadécimale qui varie de 0 à FF. La couleur blanche a le code #FF-FF-FF et la couleur noire a le code #00-00-00.

| C | M | J | N |

LE CODE C M J N - Le code CMJN identifie les proportions de Cyan, Magenta, Jaune et Noir nécessaires pour obtenir une couleur particulière. La couleur blanche a le code CMJN 0-0-0-0 et la couleur noire a le code CMJN 0-0-0-100.

Il est possible que tu trouves des références utilisant ce code sous le nom de CMYK, qui est la traduction anglophone pour ces couleurs: « Cyan, Magenta, Yellow, blacK ».

Alex, tout ce que je viens de t'expliquer est une connaissance très technique. Cela ne décrit pas ce qu'est la couleur, mais une façon scientifique de la représenter. Dis-moi Alex, qu'est-ce que c'est la couleur pour toi? »

« Eh bien la couleur, c'est ce que je vois avec mes yeux. »

« Oui Alex. Et même s'il existe des machines qui peuvent identifier la couleur avec des codes, la couleur réelle pour toi, c'est celle que tu vois avec tes yeux. Cette perception peut varier d'une personne à l'autre parce que cela dépend de nos yeux.

Cela dépend aussi de d'autres facteurs aussi comme :

- La lumière qui éclaire ce que tu regardes.
  Exemple: le soleil, la lumière du jour, les ampoules incandescentes, les tubes néon et fluorescents, la lumière ultraviolette, la lumière infrarouge, etc....

- Les caractéristiques de ce que tu regardes.
  Exemple: l'opacité, la transparence, la forme (ronde, plate), la surface (lisse, texturée), le fini (mat, perlé, semi-lustré, lustré, métallique, fluorescent, phosphorescent), etc...

- Les colorants et pigments présents dans ce que tu regardes.

Lorsque la lumière arrive sur ce que tu regardes, une portion de cette lumière est réfléchie et une portion est absorbée par ce que tu regardes. Ton œil perçoit la lumière qui est réfléchie. Par exemple, si tu éclaires un objet avec une lumière blanche et que cet objet absorbe toutes les couleurs sauf le bleu, alors ton œil voit l'objet comme s'il était bleu, parce que c'est la couleur qui est réfléchie et qui peut parvenir jusqu'à ton œil.

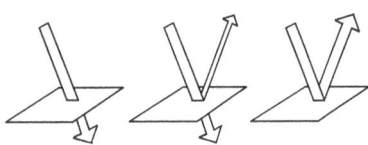

Lorsque tu changes la source de lumière avec laquelle tu regardes un objet, cela peut changer la couleur que ton œil perçoit. Ce phénomène est appelé métamérisme. C'est ce qui fait que deux objets semblent avoir une couleur identique avec un certain éclairage et qu'ils paraissent être de couleurs différentes avec un autre environnement de lumière. »

« Ah si je comprends bien ce que tu viens de m'expliquer Grand-père Révélation, c'est ce qui explique que les pantalons et le chandail que je porte avaient la même couleur avec l'éclairage des magasins, mais qu'ils ont des couleurs un peu différentes en les regardant ici à l'éclairage du jour ou à la maison avec l'éclairage incandescent. »

« Oui exactement Alex. Tu es en train de devenir un spécialiste de la couleur !

Chapitre 6 - Découvre les couleurs totem

J'espère que tu pourras créer les couleurs ou les effets que tu désires pour exprimer ce qui est en toi et qui devient visible dans tes dessins et autres créations artistiques. »

« Oui, merci ! ...surtout avec les recettes simples pour créer les couleurs ! Grand-père Révélation, peux-tu m'expliquer maintenant comment cette information peut m'aider à mieux comprendre le message des couleurs totem? »

« Oui Alex. Les couleurs de ton dessin peuvent révéler quelque chose à propos de la façon dont tu vis ce que tu vis, ici et maintenant. Par exemple, si tu as fait un dessin en utilisant principalement les couleurs complémentaires, peut-être que tu es en train d'explorer différentes options pour trouver une voie d'équilibre, peut-être qu'en ce moment tu vis une expérience de dualité, ou que tu es en train de créer une sorte de gamme harmonique dans ton expérience de la vie.

Si tu observes les teintes des couleurs que tu as utilisées dans ton dessin, elles peuvent t'inspirer autre chose. Par exemple, les teintes pâles peuvent être reliées à ce qui naît, ce qui est présent en potentiel et qui émerge. Les teintes franches peuvent correspondre à une expression plus claire et équilibrée, et les teintes foncées à une expression mature et épanouie. Les combinaisons de couleurs, l'intensité et la méthode avec laquelle nous les avons appliquées peuvent aussi révéler certaines caractéristiques de nos mouvements intérieurs.

Tu vois Alex, il y a plusieurs façons de regarder et d'interpréter ton dessin. Et comme je viens de le dire, ce sont des interprétations. Alors, même si elles peuvent amener une certaine forme de compréhension, le sens réel de chaque couleur est celui qui émerge de toi lorsque tu l'as créée ou utilisée.

Lorsque tu en sens le besoin, demande à ton cœur de te guider.

Voici Alex, je t'offre maintenant cette troisième liste qui contient quelques mots clés sur les couleurs primaires, secondaires et tertiaires principalement, et quelques unes qui sont également présentes et souvent utilisées symboliquement dans la vie sur Terre. »

	Couleurs	Mots clés symboliques
1.	Argent	Richesse discrète, contact avec son Guide, conscience de la présence intérieure de Soi, profonde sensation de paix intérieure, se sent protégé et accompagné, se sent écouté et compris par quelqu'un, don, écoute intérieure, méditation, souffle de vie, confiance, grande puissance, gratitude, état de grâce
2.	Blanc	Transformation, début de cycle, nouveau, patience, silence, laisse mûrir, adaptation, énergie de la vérité, innocence, pureté, transparence, invite à exprimer notre créativité, synthèse, naissance, éveil, lumière, esprit divin, équilibre universel, accès à la connaissance et à la spiritualité, calme, fraîcheur
3.	Bleu	Communication, action, circulation de l'énergie, structure, confort, vérité, bonheur, apaisement, douceur, chakra de la gorge et de l'expression, sécurité, repos, purification, paix
4.	Bleu pâle	honnêteté, résistance à oser et agir, difficulté à s'exprimer, peur de dire, non-dits, préfère écouter, solitude, tendance dépressive, manque d'interactions sociales nourrissantes, perceptions intuitives surprenantes
5.	Bleu franc	Trouve sa voie et sa voix, ose et apprend dans l'action, facilité d'expression, confiance à son intuition, authentique, écoute, inspiré, intuition, innovateur, créatif, réalisation concrète d'idées, communication, manifestation, qualités maternelles
6.	Bleu foncé	Franchise, vrai, découvre ce qu'il crée, grand sens de la communication, intuition remarquable, très créatif, reçoit en abondance, agit, sensibilité, vulnérabilité, maîtrise de soi, capacité de recevoir, vérité, sens de la justice, loyauté, persévérance, don d'être au bon endroit au bon moment
7.	Brun	Force pratique terre à terre, enracinement, activité physique et créative bénéfiques, prudence à la critique, conscience de la façon d'utiliser et de nourrir les ressources pour éviter de les épuiser, stabilité, gros bon sens, patience, générosité, confort, terre-à-terre

Chapitre 6 – Découvre les couleurs totem

	Couleurs	**Mots clés symboliques**
8.	Crème	Le meilleur de ce qui est possible ici et maintenant, douceur, qualité, enrichissement, lumière qui prend vit, s'afficher, reconnaître ses dons, forces et talents, délicatesse, humilité, discrétion, puissance personnelle émergente
9.	Cristal	Paix, gratitude, état de grâce, tout est possible et abordé, aime l'aventure, nouvelles passions, conscience de groupe, communauté, conscience de la diversité, unification, unité intérieure et extérieure, esprit planétaire
10.	Cuivre	Sens de la justice, paix, gratitude, état de grâce, dépasse les limites habituelles, force née d'une « baguette magique », apprentissage conscient de l'action juste, foi d'être divinement accompagné, conscience accélérée
11.	Fuchsia	Guérison de blessure profonde, transformation, libération des jugements et de la culpabilité, libération du besoin d'avoir raison, d'expliquer, de justifier, amour inconditionnel, acceptation de soi, trouver sa place, prendre sa place, détachement du regard des autres, voir et accepter nos forces et nos faiblesses dans le ici et maintenant
12.	Grenat	Transformation, transmutation, défaire et refaire, face à la peur de la mort ou de mourir, oser se détacher d'un état fusionnel, nouveau programme, alchimie intérieure, changement de façon d'être, liberté intérieure, liberté d'être, apprendre à vivre en tenant compte de ses véritables besoins, unité avec soi, réconciliation avec soi, devenir soi
13.	Gris pâle	Transformation, confusion, remise en question, besoin de nourrir la foi, libre arbitre, besoin d'enseignements sages et clarté d'esprit, attention aux rêves, apprentissage du discernement
14.	Gris franc	Recherche de l'équilibre, dignité, humilité, modération, compromis, puissance discrète et efficace, rehausse l'éclat des couleurs qui lui sont annexées
15.	Gris foncé	Début des changements, transformation, transforme les repères, conscience des faits, observateur des faits, finition

	Couleurs	Mots clés symboliques
16.	Indigo	Conscience d'Être, corps et de la vie, respect de soi et des autres, propice à la méditation, connaissance, chakra du troisième œil et de la conscience
17.	Indigo pâle	Désir d'avancer sans savoir comment s'y prendre, prise de conscience, éveil de conscience, éveil spirituel, s'interroge, se remet en question, besoin de recul, désir de se connaître, difficile de se sentir responsable, manque d'attention
18.	Indigo franc	Conscience de Soi, travail sur soi au rythme de la vie, foi, conscience élargie, conscience de ses créations, conscience de ses responsabilités, vit au présent, pas de hasard, sait que l'autre est un miroir, goût de la connaissance de soi, détachement des rôles, dé-identification des rôles
19.	Indigo foncé	Conscience d'être conscient, continue de se connaître, unité avec le divin, sait ce qui l'attend, évidence, larmes de joie, puissance de la pensée et de l'intention, centré, clairvoyance, clairaudience, intuition
20.	Jaune	Sensualité, expansion, valeur de soi, détachement, nettoyage de la santé du corps ou des émotions, enthousiasme, sens de l'orientation, chakra du plexus solaire et des émotions, bonheur, gaieté, intelligence, stimule le changement, optimisme, création
21.	Jaune pâle	Cherche son identité, les autres sont un modèle, timide, manque de confiance en soi, peur de s'affirmer, besoin d'approbation, désir bien faire pour être aimé ou par peur d'être jugé, potentiel en devenir, humilité
22.	Jaune franc	Se reconnaît et reconnaît sa valeur, confiance en soi, respect de soi, facultés mentales, raisonnable, travailleur, se construit, gagne bien sa vie, aime que chaque chose soit à sa place, reconnait la valeur des choses et des autres, aime le beau
23.	Jaune foncé	Estime de soi et reçoit l'estime des autres, raison, volonté, structure, occupe pleinement son territoire, reconnaissance, honneurs, assise financière, avoir, réussite, esprit de synthèse, sens de l'organisation, optimisme, confort

Chapitre 6 – Découvre les couleurs totem

	Couleurs	**Mots clés symboliques**
24.	Lilas – Lavande.	Messager de la Source qui inspire, service à l'humanité, paix, gratitude, état de grâce, inattendu à accueillir avec humour, relativiser l'importance des choses, rendez-vous « à la grâce de Dieu! », être totalement soi, écoute des signes, bonté infinie, magie, allégresse, humour
25.	Marron	Apprendre à vivre ici et maintenant, apprendre à s'enraciner et s'ancrer les deux pieds sur terre, choisir d'habiter son corps, amener son attention dans l'instant présent, transformation, goût du passé, poids, attachement aux biens matériels, attache au passé, nettoyage nécessaire, thérapie, passion calme, mûrissement, tolérance, autodiscipline
26.	Mauve	S'approcher de la pureté, amitié, étalement au grand jour, regroupement, persévérance, famille d'énergie semblable, rituel d'élévation, mouvement d'élévation, cérémonie, détachement du matériel
27.	Nacre	Diplomatie, neutralité, chemin de vie, discernement entre la réalité extérieure et la réalité intérieure, relativité, protection de la perle intérieure, de la richesse intérieure, de la pureté intérieure, protecteur
28.	Noir	Inconnu, transformation, fin de cycle, deuil, retour en arrière impossible, absence de repère, rencontre des peurs, isolement, force tranquille, protection, mort, fin, acceptation qui permet de passer à l'étape du renouveau, absorbe la lumière et la conserve en son sein, protection de la vérité
29.	Ocre	Gaieté contenue, bonheur tranquille, calme, intériorisation, mouvement de se déposer, force alignée vers le centre
30.	Or	État de grâce, foi pour sauter dans le vide sans peur, protection dans l'action, aide salutaire, enthousiasme, allègement, grâce relié à une Conscience supérieure, guidé dans une « mission à accomplir », réalisation, réalisation de soi, richesse spirituelle, puissant rayonnement, paix, gratitude

	Couleurs	Mots clés symboliques
31.	Orange	Créativité, initiative, dynamisme, nouvelle énergie, refus du sérieux, joie, gaieté, chaleur, curiosité, spontanéité, invite à agir, coule avec le mouvement du désir, chakra de la sexualité et créativité, festivité, stimule l'appétit et la digestion
32.	Orange pâle	Appel à la vie, enfant intérieur qui se réveille, sens du jeu, commence à s'amuser, petits plaisirs, résistance à être en mouvement, à vivre spontanément, difficile d'exprimer ses désirs et pulsions du corps, peur de sa libido, besoin de sécurité et protection émotionnelle, envie de vivre et d'être vivant
33.	Orange franc	Agit avec spontanéité et aime être en mouvement, joie de vivre, invente des jeux pour expérimenter le plaisir, énergie, créatif, plein d'idées, attirance physique et sexuelle, plaisir de la table et du corps, énergie créative
34.	Orange foncé	Aime jouer, passion de la vie, sens de la fête, rire franc et facile, sensations fortes, réaction rapide spontanée, créativité, originalité, motivation, s'éclate physiquement, désir passionnel
35.	Pourpre	Transformation des illusions, capacité d'accéder à la victoire sur les illusions et renaître à Soi, urgence, impasse, droit de vivre, découvre ce qui empêche de vivre, peur de comprendre et de changer, autodestruction pour se recréer
36.	Rose	Compassion, amour inconditionnel, rayonnement de soi, guérison profonde, transformation, renaissance, nouvelle inspiration, réveil de l'énergie de vivre, laisse la vie en soi rayonner, apaisement, patience, douceur, tendresse, hypo ou hypersensibilité, apaisement émotionnel, régénération, intégration des transformations, Esprit Saint
37.	Rouge	Sécurité de base, puissance, excitation, claustrophobie, énergie vitale, dynamisme, vitalité, énergie d'action, stimulation, capte l'attention, passion, énergie et motion de feu, force constructive ou destructrice, énergie d'accomplissement, chakra de la base et enracinement

Chapitre 6 – Découvre les couleurs totem

	Couleurs	Mots clés symboliques
38.	Rouge pâle	Besoin d'accompagnement pour gérer la vie, début, point de départ, démarrage, recherche de preuve, de réconfort, de sécurité, sentiment de solitude progressivement apprivoisée
39.	Rouge franc	Capable de gérer sa propre vie, être ou faire par soi-même, se prendre en charge, s'assumer, autonomie, débrouillardise, autonomie, actions appuyées sur des bases solides, gestion facile du concret, énergie, sécurité, prendre soin de ses besoins vitaux
40.	Rouge foncé	Force de vie, enracinement, sécurité, solidité, action, abandon à la mère Terre, matière, pouvoir, défi, passion, invite à la prudence et sagesse dans le contenu et les façons de s'exprimer, capable de porter un projet à terme de façon très concrète, capable d'accompagner quelqu'un dans son cheminement pour s'assumer, récolte du fruit de ses actions
41.	Sable	Repos, détente, relaxation, tranquillité, disponible, un instant à la fois, vacances, faire le point, lâcher prise et évacuer les préoccupations, plénitude par le renouvellement de l'énergie intérieure, état de grâce, paix, gratitude
42.	Transparent	Être, lâcher prise dans l'inconnu, faire le vide, clarté de perceptions, lucidité, transparence, nouveau, être soi simplement et naturellement, paix, gratitude, état de grâce
43.	Turquoise	Miracle de la foi, l'Amour guérit, l'Amour est la solution, foi que tout est possible, changement du niveau de conscience, guérison par la prise de conscience, inspiration, idéal, vision, ascension, don de guérison, miracle, libération émotionnelle, réalignement avec les lois de l'univers, réalignement avec les lois et cycles naturels, transformation, plus méthodique, rafraîchit, participation active à la réalisation d'un projet planétaire
44.	Vert	Équilibre, voie du milieu, sensibilité, capacité à entrer en relation, renouveau relationnel, sentiment de sécurité, croissance, abondance et guérison, espoir, espérance, apaisement, douceur, sincérité, harmonie, courage d'aller vers les autres et d'avoir une vie sociale saine, chakra du cœur et de l'amour, vitalité

	Couleurs	Mots clés symboliques
45.	Vert pâle	S'émerveille, légèreté, jeunesse d'esprit, ouverture, sensibilité, préfère donner que recevoir, cheminement de confiance et foi dans une relation, relations amicales, apprentissage relationnel, besoin d'intimité, facilement amoureux, relation fusionnelle
46.	Vert franc	Équilibre relationnel, relations d'amitié profonde, amour, famille, échange, couple, amis, sentiments réciproques, facilement en relation, accueil, amitié, partage, aime sa vie, suscite la confidence, garde les secrets, acte gratuit
47.	Vert foncé	Don de soi, croissance, harmonie, compassion, amour inconditionnel, relations frère-sœur, profondeur, valeurs humaines, calme, silencieux, ouvert quelque soient les circonstances, générosité, cœur pur, stabilité affective, liberté d'être
48.	Vert gris	recentrage et réalignement vers le service, vers son chemin de vie à soi, transformation, dépouillement de ce qui n'est plus utile ou pertinent, ramène à l'essentiel, grand nettoyage, clarifier les compromis affectifs et projets
49.	Violet	Lien avec le plus grand que soi, élévation de l'esprit, direction, harmonie, unité, enrichissement de la vie, équilibre, synchronisation, magie de la vie, chakra de la couronne
50.	Violet pâle	Relation à l'autorité en apprentissage, éveil de la conscience de la puissance personnelle, rébellion face à l'autorité non démocratique, initiation, impression d'être seul pour avancer, besoin de conseils, besoin de guidance pour se diriger, recherche d'un maître, soumission hiérarchique, initiative
51.	Violet franc	Pouvoir de décision, se dirige soi-même par l'impératif du moment, maîtrise du jeu, maîtrise de soi, connaît bien ses responsabilités, aime ce qu'il entreprend, son propre chef, rigueur, discipline, sens du devoir
52.	Violet foncé	Service, spirituel, sens du sacré, bonté, sait se diriger seul et l'enseigner aux autres, tient le cap, chef, leadership, enseigne par l'exemple, sens des priorités, imagination, connaissance et maîtrise de soi

Chapitre 6 – Découvre les couleurs totem

Chapitre 7
Découvre les symboles totem

« Alex, voici maintenant la dernière liste que je peux t'offrir aujourd'hui. Elle est très brève même si en réalité, elle pourrait être suffisamment longue pour remplir un livre ou un dictionnaire entier. C'est une liste qui te parle des symboles et des archétypes.

Il y une multitude d'exemples possibles parce que les symboles font partie de la vie quotidienne et ils sont souvent utilisés pour décrire quelque chose de façon abrégée. Ils peuvent avoir plusieurs formes. Il y a des symboles sous forme d'images, d'abréviations, de lettres, de chiffres, de sons, de gestes, d'actions, de pictogrammes, etc.

Certains symboles peuvent avoir un sens connu seulement par une personne ou un petit groupe de personnes. Par exemple, tu pourrais développer tes propres symboles pour prendre des notes plus rapidement à l'école ou pour faire une liste d'épicerie. Tu pourrais aussi utiliser ceux qui t'ont été enseignés par tes proches, ta famille, tes amis, ou ceux qui sont utilisés dans un contexte particulier. Par exemple, tu pourrais apprendre les symboles-codes utilisés par les joueurs d'une équipe sportive afin de communiquer ensemble sur un terrain de jeu, ou apprendre le langage des signes pour communiquer avec les malentendants.

Il y a d'autres symboles qui sont universels, c'est-à-dire qu'ils sont connus et utilisés partout sur la Terre. Ces symboles sont appelés des archétypes. Ils sont universels parce qu'ils représentent certains aspects de l'expérience humaine qui sont connus par un très grand nombre de personnes sur la Terre ou qui ont été vécus par plusieurs cultures et générations.

Par exemple, le symbole du coeur ♥ est connu et utilisé partout sur la Terre pour représenter l'amour, celui du caducée ⚕ représente la médecine, et celui de l'Être qui tient dans une main une balance et dans l'autre une épée ⚖ représente la justice.

La signification des archétypes est inscrite dans l'inconscient de beaucoup de personnes et dans celui de la Terre. C'est ce qui fait que les archétypes sont des symboles très puissants.

Il y a des symboles et des archétypes qui représentent les valeurs humaines, les aspects de la personnalité et de la psychologie, les religions, les philosophies, les mythologies. Il y en a qui représentent les aspects relationnels de la vie humaine, l'expression, les actions et mouvements. Il y a en aussi qui représentent l'environnement, la nature et les aspects pratiques de la vie humaine. »

« Grand-père Révélation, à quoi ça sert que les symboles et archétypes soient inscrits dans mon inconscient ? »

« Le jour, tu peux les utiliser et en être inspiré pour créer ce que tu choisis de créer. La nuit quand tu dors, ton inconscient peut aussi utiliser tes symboles personnels et les archétypes pour t'aider à équilibrer ce que tu as vécu pendant la journée. Cela se fait par le mécanisme des rêves et il peut arriver que tu t'en rappelles. Les rêves peuvent contenir des animaux, des couleurs, des arbres, et une multitude d'autres symboles, d'expériences, de décors et personnages. Les rêves sont de bons compagnons pour toi. Ils peuvent t'aider à intégrer ce que tu vis ou apprends sereinement pendant la journée.

Ils peuvent aussi t'accompagner lorsqu'il y a quelque chose qui éveille de la peur ou des sentiments désagréables dans ton expérience du quotidien. Si un jour cela se produit, il est possible que tu aies des rêves disharmonieux ou qui te font peur jusqu'à ce que tu trouves une solution à ces expériences pour retrouver naturellement ton état de bien-être. Si les mauvais rêves persistent et se manifestent de façon récurrente, rappelle-toi que tu peux en parler et demander de l'aide à une personne

Chapitre 7 - Découvre les symboles totem

compétente en qui tu as confiance. Elle pourra t'accompagner pour comprendre leurs messages et t'aider à retrouver ta puissance intérieure d'amour et de lumière, pour ramener l'harmonie en toi et dans ton expérience de la vie.»

« Si je comprends bien Grand-père Révélation, la Vie veut vraiment le meilleur pour moi, et elle utilise tout ce qui est à sa disposition pour m'aider à me créer une vie heureuse et réussir ma vie.»

« Oui, tu as bien compris Alex.»

« Grand-père Révélation, si davantage de personnes sur la Terre arrivaient à se rappeler qui elles sont vraiment et à rayonner concrètement plus d'amour et de lumière sur la Terre, est-ce que les archétypes disharmonieux de l'inconscient collectif pourraient évoluer ou se transformer avec le temps?»

«Oui cela est très probable. Cela permettrait d'envelopper la Terre et les êtres qui y vivent avec davantage de bienveillance et d'harmonie. Cela faciliterait l'expérience de la paix sur Terre. »

« Je le souhaite dans mon coeur...».

Alex ferma les yeux, prit une grande respiration et déposa tout doucement son attention dans son coeur. Avec simplicité, il enveloppa la Terre de lumière et de bienveillance, d'amour, de paix et de joie.» Puis il ouvrit les yeux, dans un état très calme et serein. Il s'émerveillait de voir la Terre si belle et radieuse.

«Grand-père Révélation, demanda-t-il alors, est-ce qu'il y a des symboles et des archétypes pour les éléments de la Terre, comme l'eau, le feu, l'air, la terre et l'éther?»

«Oui bien sûr. Si tu observes ton dessin, tu pourras y voir la présence de chacun de ces éléments, soit sous leurs formes traditionnelles ou de façon symbolique. Par exemple, tu pourrais avoir représenté le feu par un feu de camp, le soleil, une couleur chaude ou même un dragon qui crache le feu ! Tu pourrais voir la présence de l'eau par une petite source, une étendue d'eau, un lac, une rivière, la mer, des nuages, la pluie, un puits ou des gouttelettes de rosée. Tu pourrais voir la terre par le paysage terrestre que tu dessines, les roches, les montagnes, les fleurs, le gazon, une grotte, une plage de sable ou un désert ! Tu pourrais voir l'air par l'espace que tu laisses libre pour respirer, la présence d'oiseaux en plein vol, un beau ciel bleu ou un ciel rempli d'étoiles. Tu pourrais vois la présence de l'éther par la lumière qui illumine ton dessin ou quelque chose dans l'énergie de ton dessin qui le fait rayonner.

Il est possible que cette observation puisse également t'inspirer quelque chose à propos de l'équilibre de ta vie, de ta santé, ou de ce qui était vivant et présent en toi au moment où tu as fait ton dessin.

Tu peux aussi observer l'apparence générale de ton dessin. Par exemple, ton dessin peut être à l'intérieur ou dépasser le cadre ou la feuille sur laquelle tu l'as fait. Cela peut être un indice de l'espace que tu habites dans ta vie, ton besoin d'espace, la tendance à la conformité ou à repousser les limites, d'un besoin de t'épanouir au-delà de certaines limites proposées ou imposées.

Tu peux aussi observer si ton dessin est très précis et détaillé, ou s'il trace simplement les grandes lignes et le ton général de ce que tu voulais représenter. Ces observations révèlent simplement l'image que tu as de toi et de ton expérience de la vie, au moment particulier et précis où tu l'as réalisé. Rappelle-toi, « Tu es un être d'Amour, même s'il t'arrive parfois de l'oublier. »

Alors Alex, comme tu vois, le monde des symboles et des archétypes regorge d'informations et d'enseignements à propos de la vie et la façon dont elle est vécue. Si tu veux en découvrir davantage, tu peux consulter les dictionnaires, livres, revues et références disponibles à la bibliothèque ou sur internet.

Voici donc Alex, cette quatrième liste. »

Chapitre 7 – Découvre les symboles totem

Symboles-Archétypes	Nom	Mots-clés symboliques
Listes totem		
1.	Animaux...............	Voir la liste des animaux totem
2.	Arbres...................	Voir la liste des arbres totem
3.	Couleurs...............	Voir la liste des couleurs totem
Symboles et archétypes		
4.	Coeur....................	Amour, intuition, intelligence du coeur, lumière du coeur, soleil intérieur, amour universel, centre de soi
5.	Soleil.....................	Énergie, chaleur, lumière, rayonnement, source de vie, vivifiant, esprit universel, centre du ciel, centre de l'Être, aspect de l'arbre de vie, conscience des limites, lumière de la connaissance, foyer d'énergie
6.	Lune......................	Reflet du soleil, changement de formes, transformation, croissance, phases, rythmes biologiques, éclaire par son reflet
7.	Étoile....................	Étoile, joie, briller, lumière, lumière dans la nuit, phare dans l'inconscient, microcosme humain, mouvement de formation du monde, retour aux sources, inspiration pour matérialiser, protection (bonne étoile) - Étoile polaire: pivot, centre de l'univers, référence, nord
8.	Arc-en-ciel.............	Bénédictions, chemin qui relie le ciel et la Terre, pont entre la spiritualité et la matière, sept rayons de couleurs qui relient le ciel et la Terre, langage divin sur la Terre
9.	Logo de la paix......	Pacifisme, non-violence, bâtisseurs de la paix sur Terre, paix du coeur, paix universelle, état d'être dans son centre, présence du divin, Grande Paix

Autres symboles archétypes de la Paix:

Alex découvre son totem

Symboles-Archétypes	Nom	Mots-clés symboliques
10. 	Lumière.................	Illumination, forces créatrices, chaleur, vie, clarté, divin intérieur, divin révélé, expression des forces intérieures et rayonnement à l'extérieur, éclairage extérieur, purification par la lumière et le feu, nature lumineuse de la Nature
11. 	Ampoule allumée...	Lumière, Idée géniale, éclair de génie, lumière allumée, esprit lumineux, clarté, psychisme rayonnant, illumination
12. 	Phare......................	Phare, lumière, vigilance, éclairage sur les projets, renseignement précieux pour avancer sur la bonne voie, référence et guidance pour éviter les récifs de la vie
13. 	Sourire...................	Bonheur, joie, optimisme, énergie positive, émerveillement, gratitude, émotion bienveillante, bonne humeur, encouragement, contentement, sincérité
14. 	Fleurs...................... (symbolique selon chaque fleur aussi)	Symbole de l'âme, réceptacle de l'activité terrestre, développement et manifestation à partir d'une substance passive (graine), symbole de l'Eden-paradis terrestre, centre spirituel
15.	Pierres et cristaux.. (symbolique selon chaque pierre et cristal aussi)	Embryon qui naît de la Terre et du roc, état primordial, perfection androgyne à l'état brut, relation entre le ciel et la terre, propriétés spécifiques à chaque pierre et cristal, densité, dureté, couleur, structure cristalline, transparent à opaque, lithothérapie et effets sur la santé physique, émotionnelle, psychologie, énergétique, amplificateur d'énergie, émetteur et récepteur de vibrations, rayonnement subtil et puissant, énergie yin-yang, pierre à bâtir pour la construction et les temples, pierres fines semi-précieuses et précieuses pour la joaillerie, pierres sages pour les enseignements sacrés, pierres de divination, symbole d'éternel, énergie, beauté, magnificence
16. 	Fruits et légumes.... (symbolique selon chaque fruit et légume aussi)	Abondance de la Terre, fécondité, banquet, oeuf du monde (contient le fruit comestible et les graines pour la multiplication), alimentation, éléments nutritifs, nourriture physique et énergétique
17. 	Corne...................... d'abondance	Abondance, bonheur, profusion, dons divins, saison, équité, hospitalité

Chapitre 7 – Découvre les symboles totem

Symboles-Archétypes Nom Mots-clés symboliques

18. Trèfle à quatre feuilles .... Chance, porte-bonheur, élégance, être relié à la Trinité

19. Fer à cheval .... Porte-bonheur, abondance, bénédiction

20. Plume .... Force ascensionnelle, mouvement vers le ciel, offrande et prières vers le ciel, croissance végétale

21. Ballon .... Rond, relation au parfait, organisation du monde, célébration, unité, jeu, mouvement entre la Terre et le ciel

22. Coffre .... Contenant précieux, trésor spirituel ou matériel, révélation à l'ouverture, dépôt, support de la Présence, avènement

23. Boite .... Contenant précieux, contient les secrets et ce qui est fragile, espoir et possibilités de l'inconscient, valeur donnée par son contenu, outil pratique

24. Vase .... Ce qui contient une force secrète ou un trésor, sein maternel, là où les merveilles prennent forme, contenant pour l'eau et les élixirs de la vie, récipient de la sagesse et de la connaissance, ouverture vers le haut réceptive aux forces du ciel

25. Courrier - Lettres .... Communication, lien qui traverse les distances, univers terrestre, correspondance, envoi et réception, tradition

26. Livres .... Univers de connaissance, éducation, révélation des informations et des mystères sacrés, véhicule des idées, support des enseignements divins révélés aux initiés dont le coeur est prêt à les recevoir

27. Sablier .... Mesure du temps, écoulement et renversement du temps, retour aux origines, passage entre deux niveaux, passage symbolique ciel-Terre dans les deux directions, déroulement cyclique

28. Anniversaire .... Célébration, événement, phase importance de la vie, tournant de la vie, fête cyclique de la vie

29. Cadeau .... Don, marque d'appréciation, expression d'amour, soulignement d'une célébration

30. Homme-Femme ...... Symboles universels du féminin (croix vers la mère-Terre) et du masculin (flèche vers le Père ciel)

Alex découvre son totem

Symboles-Archétypes Nom Mots-clés symboliques

Des outils de communication

31.  Réseaux sociaux...... Communication, réseaux, internet, mondialisation, communication universelle, socialisation électronique, amitié virtuelle
Exemples
Facebook, Twitter, Linkedin, Skype, YouTube

32. 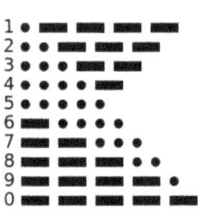 Code morse............. Code morse international
1 tiret = 3 points
Espace entre 2 éléments d'une même lettre = 1 point
Espace entre 2 lettres = 3 points

33. 0, 1, 2, 3, 4, 5, 6, 7, 8, 9, 10 ... Nombres................. Compter, relativiser, quantité, idée, force, valeur, langage divin de la création, principes d'expression de la Vérité

34. a b c d ... Lettres.................... Puissance de communication, attributs divins, représentation des mystères de la création, âme de la parole, différentes formes selon les cultures

Exemples

Arabe (26 lettres) **abcdefghijklmnopqrstuvwxyz**
ABCDEFGHIJKLMNOPQRSTUVWXYZ

Grec (26 lettres) α β χ δ ε φ γ η ι φ κ λ μ ν ο π θ ρ σ τ υ ϖ ω ξ ψ ς
Δ Φ Σ Ω Ψ α β γ δ ε ζ η θ ι κ λ μ ν ξ ϖ ρ σ τ υ φ χ ψ ω

Hébreu (22 lettres) [Hebrew alphabet chart with 22 letters labeled 1-Aleph through 22-Tav]

35. # | / ... Éléments................. # | / \ ! ? & * ^ ´ ~ ° ´ ` : ; , ... - _ < > ( ) { } [ ]
linguistiques et @ © ® TM
ponctuations

36. + - * / ... Symboles................ + − x ÷ / ± = ~ ≈ ≃ ° * % ∞ √ π
mathématiques < > ≤ ≥ « » ( ) { } [ ] ‖ ⊥ ↑ ↓ → ←

37. $ € ¥ £ Devises................... Dollar, Euro, Yen, Mark, Franc, Pesos, etc.

Chapitre 7 – Découvre les symboles totem

	Symboles-Archétypes	**Nom**	**Mots-clés symboliques**
38.		Gestes de la main...	Expression de la puissance personnelle, se prendre en main, puissance d'action, capacité de travail, donner un coup de main, manifestation
39.		Pouce vers le haut..	C'est bon!, c'est parfait, numéro 1, superbe bravo, encouragement, reconnaissance, appréciation, puissance de création
40.		Applaudissement....	Appréciation, joie, encouragement, félicitations, considération, gratitude
41.		Joindre les mains....	Prière, unifier
42.		Ouvrir les mains......	Accueil, être prêt à recevoir, faire un récipient avec les mains, offrir, porter,
43.		Poing......................	Rassembler l'énergie (arts martiaux), réchauffer les doigts, affirmer, augmenter la pression sanguine
44.		Joindre le pouce..... et l'index	C'est parfait, rien à corriger, zéro, c'est un gros zéro
45.		Joindre le bout........ des doigts	Un petit peu, c'est tout petit, épaisseur
46.		Index vers le haut...	En l'air - un, un instant, j'ai une question, demander la parole, je suis intéressé, c'est en haut Devant la bouche - chut!, silence, cesser de parler, réflexion
47.		Paix........................	Symbole universel de la paix
48.		Croiser les doigts....	Chance, bonne chance, je souhaite le meilleur, être amis comme deux doigts de la main
49.		Main ouverte.......... paume vers l'avant	Stop, non, lever la main pour poser une question, répondre oui, dire c'est moi ou je suis intéressé
50.		Pointer du doigt......	Indiquer une direction, pointer quelqu'un ou quelque chose, dire à quelqu'un c'est à ton tour,
51.		Poignée de main.....	Bonjour, enchanté, je suis heureux de te rencontrer, geste d'intimité, tenir par la main, prudence en tenant la main d'une personne
52.		Appuyer avec un..... doigt	Appuyer ici, signaler votre présence

Symboles-Archétypes	Nom	Mots-clés symboliques
Mudras		
53.	Mudras..................	Signe, sceau, gestes sacrés, enseignement du Bouddha, méditation, harmonie, conscience rationnelle, conscience intuitive
	....	Mudra - OM, AUM, stabilité mentale
	....	Mudra - Namasté, considération, prière, gratitude
	....	Mudra - méditation
	....	Mudra - réceptivité
	....	Mudra - intuition
	....	Mudra - bienveillance, compassion
	....	Mudra - enseignement
	....	Mudra - protection
	....	Mudra - pardon, miséricorde, voeu exaucé
	....	Mudra - lâcher prise, libérer l'énergie négative
	....	Mudra - réflexion, équilibre des hémisphères du cerveau, mémoire
	....	Mudra - confiance bien centrée
	....	Mudra - illumination, lien ciel-Terre
	....	Mudra lotus - pureté du coeur, ouverture au divin

Chapitre 7 ~ Découvre les symboles totem

Symboles-Archétypes	Nom	Mots-clés symboliques
Philosophies et religions		
54.	Justice....................	Balance - justice, équité, exact et bien pesé Épée - force pour trancher les litiges Personnage Thémis - fille du ciel et de la Terre qui réclame justice au Divin
55.	Yin-Yang..................	Féminin-masculin, négatif-positif, aspect obscur et lumineux des choses, terrestre-céleste, alternance des rythmes du monde, complémentarité universelle, équilibre, taoïsme
56.	Om-Aum.................	Son primordial de la création, manifestation de Dieu, A (terre)U (eau, air, feu) M (éther, sans forme), hindouisme
57.	Roue du dharma.....	Roue de la vie, cycles de la vie, renouvellement de l'existence, recommencement, loi de la destinée humaine jusqu'à l'illumination, bouddhisme
58.	Croix......................	Unité de l'être centré dans le coeur et ouvert vers l'extérieur, rencontre par le coeur (centre) ciel-Terre (vertical) et vie terrestre (horizontal), symbole du Christ mort et ressuscité, unification des contraires-opposés-polarités, christianisme
59.	Croix ansée............ Croix de Ânkh	Croix soleil-ciel-Terre, dénouement des noeuds vers la vie éternelle, immortalité, clé pour ouvrir la porte du royaume des morts, la vie après la mort, égyptologie
60.	Étoile à 6 branches. Sceau de Salomon	Unité du ciel (triangle du haut) et de la Terre (triangle du bas), éléments de l'univers (feu en haut, eau en bas, terre à droite, air à gauche), union des contraires-opposés-polarités, unité cosmique, judaïsme
61.	Croissant et étoile...	Résurrection, expansion et concentration réunies, ce qui semble se refermer (pointes du croissant) s'ouvre sur un univers sans limites (étoile), islam
62.	Oeil d'Horus............	Acuité du regard de la justice divine, vigilance, avoir l'oeil ouvert dans la poursuite de l'éternité, combat vers le triomphe des forces de la Lumière
63.	Fleur de lotus..........	Épanouissement spirituel, oeuf du monde (bouton de lotus), fleur pure qui émerge de la boue, pureté, sobriété et rectitude qui ne peut être brouillée par le monde extérieur, de l'obscurité à la lumière, prospérité, harmonie conjugale

Alex découvre son totem

Symboles-Archétypes	Nom	Mots-clés symboliques
La terre		
64.	Galaxie-Univers	Spirale, langage universel de la spirale sacrée, source de la vie, mouvement de la vie, énergie et conscience suprême, cycle de la vie, langage immortel de la création
65.	Terre	Mère-Terre, énergie maternelle, source de la vie, nourricière, abondance de ressources, fécondité, régénération, don de soi, hôte de l'expérience humaine et plusieurs règnes, planète bleue, joyau de l'univers, métamorphose
66.	Montagne	S'élever vers le ciel, monter jusqu'au sommet, transcendance, dépassement de soi, rencontre du ciel et de la terre, stabilité, immuabilité, centre et axe du monde, sécurité, sommet, qualités supérieures de l'âme, force vitale puissante, évolution humaine, sommet du développement de soi, vue, élévation et recul, quête intérieure, obstacles, orgueil, prétention, écroulement
67.	Vallée	Passage, voie spirituelle, creux, canal, humilité, vibration primordiale dans la caverne du coeur, complément de la montagne (creux-élévation, comme le yin-yang), lieu de transformation intérieure, espace de protection
68.	Prairie Plaine	Espace, vulnérabilité, visibilité, étendue entre les dénivellations (élévation des montagnes ou creux des vallées), parcours du quotidien, grenier du monde, espace nourricier, agriculture, initiation à ciel ouvert, passage à découvert, horizontalité
69.	Désert	Étendue stérile en apparence, uniformité, monde des illusions, parcours initiatique, absence de références, terre aride, peu ou pas habité, éloigné du divin, apparences de l'être humain en comparaison à sa réalité intérieure, propice aux révélations, oasis, nourriture miraculeuse
70.	Forêt	Sanctuaire naturel, temple, puissance des bienfaits du Ciel, ressources renouvelables, forêt enchantée remplie d'abondance et de bénédictions, sérénité, ressourcement, enracinée, silencieuse, verdoyante, océan terrestre, révélations de l'inconscient, confiance lorsqu'on est en harmonie avec la forêt, peur lorsqu'on s'y perd momentanément, vie bien enracinée

Chapitre 7 - Découvre les symboles totem

Symboles-Archétypes	Nom	Mots-clés symboliques
71.	Ile	Centre spirituel primordial, paradis terrestre, espace des mystères, détachement du monde extérieur, calme, retour en soi, appel du bonheur, simplicité, retour à l'essentiel, la terre (stabilité) au milieu des eaux de la vie (mouvement, émotions)
72.	Parc	Petite forêt en zone habitée, ressourcement, oxygénation, détente, régénération, vie naturelle au coeur du monde moderne, détente, préciosité, espace pour respirer et prendre soin de soi, conscience de la nature
73.	Tremblement de terre	Tremblement des fondations, vibrations provenant de l'intérieur, fracturation, rupture, séisme, libération de grande quantité d'énergie
74.	Éboulis Glissement de terrain	Mouvement qui résulte d'une discontinuité (faille, fissure, brisure) existante, libération du trop-plein et des surcharges, ce qui n'est pas solide-stable refait surface, mouvement vers un nouvel équilibre

L'eau

75.	Eau	Source de vie, baptême, bénédiction, sagesse, symbole de l'âme qui veut s'abreuver à sa Source, cadeau divin pour nourrir la vie sur Terre, vie spirituelle et de l'Esprit, nourriture symbolique de la vie éternelle, lieu de préparation à la naissance, lieu de renaissance, source de guérison, purification, régénérescence, infinité des possibles, transparence, utilisée dans les rituels sacrés, univers des sentiments et émotions
76.	Nuage	confusion, nébulosité, intermédiaire entre la clarté et la tempête, transparence des éclats de lumière qui traversent les zones sombres de la vie, porteur de l'eau nourricière pour féconder la Terre, fécondité, état de transition, métamorphose continuelle, révélation prophétique
77.	Pluie	Influences célestes reçues sur la Terre, bénédiction pour l'agriculture et la vie sur Terre, fécondation, fertilité de la Terre, fertilité de l'esprit, lumière matérialisée, revivification, grâce, réponse aux prières, purification, nettoyage, prospérité
78.	Neige	Pureté et perfection de l'eau refroidie, blancheur, froid, remplir le ciel et la Terre des bénédictions et cadeaux divins, émerveillement, nouvelle lumière dans les périodes d'hiver des saisons et de la vie

Alex découvre son totem

Symboles-Archétypes	Nom	Mots-clés symboliques
79.	Océan / Mer	Origine primordiale de toute vie sur Terre, étendue en apparence sans limites, essence divine, reçoit la décharge de toutes les eaux terrestres, support souple et docile, ou parfois houleux et incertain pour les traversées et périples de l'existence
80.	Fleuve / Rivière	Écoulement des eaux, puissance de l'eau en mouvement, fertilisation, possibilité universelle, mort et renouvellement, courant de la vie, retour à l'origine en allant vers la mer, traversée d'une rive à l'autre ou symboliquement la traversée des obstacles est un passage entre deux états ou domaines de la vie, écoulement des grâces divines sur Terre, mouvement de l'existence humaine, écoulement avec la succession des sentiments et émotions humaines et des parcours, méandres et détours de la vie
81.	Lac	Oeil de la Terre par lequel le monde souterrain peut regarder la vie, fécondité locale, forces permanentes de la création
82.	Marais / Marécage	Oeil de la Terre qui a trop pleuré, fond inconscient instable, s'enliser, fécondité accessible à certaines espèces seulement, eau stagnante, eau riche en minéraux et éléments nutritifs compostés qui s'écoule en bordure, boue de la transformation, zone d'équilibre de la nature
83.	Oasis	Centre de paix et de lumière, espace de récupération, espoir, joie, émerveillement, rencontres avec l'essentiel, survie et vie
84.	Chute / Cascade	Impermanence, renouvellement continuel des eaux et de ce qu'elles représentent même si l'apparence de la chute-cascade reste la même, mouvement descendant qui manifeste sur Terre les possibilités infinies du ciel, courant de force puissante non maîtrisée
85.	Geyser	Source d'eau chaude d'origine volcanique qui jaillit, jaillissement par intermittence, soupape au surplus de pression intérieur ou en profondeur, évacuation, régulation, soupape, jet
86.	Vague	Éternel recommencement, faire et défaire sans cesse, mouvements qui sont soulevés, mouvements issus de l'inconscients, des sentiments et émotions, les vagues de la vie

Chapitre 7 - Découvre les symboles totem

Symboles-Archétypes Nom Mots-clés symboliques

87. Rosée.................... Expression subtile des bénédictions du ciel sur la Terre, eau de croissance pour les plantes, fraîcheur, principe divin accessible au lever du soleil, parole divine, redonne la vie, élixirs, eau précieuse, condensé des forces génératrices de l'eau

88. Iceberg................... Submersion, inconscient immergé et en contact avec la mer, conscient à l'air libre et à la lumière, froid, glace, la pointe de l'iceberg représente ce qui est visible et que nous acceptons de montrer à l'extérieur, accepter la lumière, l'amour et la chaleur du coeur pour faire fondre l'iceberg

89. Glacier.................... Mouvement de l'eau arrêté, énergie et vitalité gelée
    Glace   par le froid, vie au ralenti, mort, transformation par la chaleur, l'amour et l'énergie de la vie

90. Inondation.............. Aspect féminin trop grand par rapport au masculin, déséquilibre, reflux des sentiments et émotions inconscientes, appel à l'action concrète

91. Tsunami.................. Vague de fond, grand mouvement de l'inconscient qui refait surface, émergence inattendue

92. Plage...................... Espace où le sol se mélange à l'eau, instabilité et changement perpétuel, le caractère meuble de la plage permet des transformations et oeuvres de consistance temporaire, repos, régénération, vacances, joie, plaisir

93. Parapluie................. Protection de la pluie, sécurité pour rester au sec et éviter d'être mouillé, protection des éléments extérieurs engloutissants ou indésirables

94. Puits....................... Source de vie, joie, émerveillement, essentiel,
    Source   désaltérer, nourriture de l'être, hygiène, laver, eau stagnante, miroir du ciel et ceux qui s'y regardent

95. Fontaine................. Eau vive, renaissance et nouveau mouvement de la vie, abondance et circulation éternelle, guérison et vie éternelle (fontaine de Jouvence)

96. Borne-fontaine........ Accès à une réserve d'eau, protection incendie, eau sous pression

97. Piscine.................... Jeu, espace personnel reconnu, dimension spirituelle accessible de l'inconscient, dimensionné et limité, dimension intérieure de la connaissance, appelle l'illimité et le plus grand que soi

Alex découvre son totem

Symboles-Archétypes	Nom	Mots-clés symboliques
Le feu		
98.	Feu	Sacré, feu intérieur, puissance, transformation, transmutation, purification, libération, alchimie, illumination, destruction, renouvellement, élément de régénération périodique, rite de passage, été du coeur, éveil, présence du divin-sacré dans le coeur des Êtres, connaissance intuitive, passion, esprit, énergie, chaleur, rassemblement, joie, espoir, rituel, anniversaire
99.	Astres de feu	Soleil, étoile, étoile filante, comète, lumière, transcendance, mouvement circulaire, perfection, comportement parfait et régulier selon les lois de l'univers, beauté, voeu, mystère
100.	Étincelle Flammèche Allumette	Découverte, changer la vie humaine, premier jaillissement, impulsion, éphémère, active et réactive
101.	Flamme	Purification, illumination, amour, spiritualité, âme, transcendance, esprit, lumière, chaleur, brûler, éclairer, dissiper les ténèbres de la nuit et de l'esprit
102.	Flambeau Torche	Quête de sacré et de savoir, symbole du divin dans le coeur de tous les hommes, éclairer les chemins souterrains ou la nuit, éclairer les chemins de l'inconscient
103.	Foudre Éclair Tonnerre	Volonté de la puissance divine suprême, orage physique ou moral, pouvoir créateur ou destructeur, instrument et arme divine, activité céleste de transformation sur la Terre, symbole de la rupture de l'équilibre yin-yang et de l'ébranlement du monde, puissance de la parole, Verbe créateur et destructeur, divination
104.	Incendie	Énergie du feu non maîtrisée, passion dévastatrice, réaction émotionnelle non exprimée qui brûle et consume de l'intérieur et qui est projetée à l'extérieur, sabotage de la créativité, destruction, auto-destruction, obligation de renouvellement, accidentel, prémédité
105.	Bûcher	Brûler ce qui fait peur ou qui dérange trop, jugement, condamnation, destruction, peur des valeurs, croyances et expériences différentes, décision d'en finir avec quelque chose, construit par les peurs individuelles et collectives

Chapitre 7 - Découvre les symboles totem

Symboles-Archétypes	Nom	Mots-clés symboliques
106.	**Braise**..................	Vive, transmission, passage, fin d'un cycle tout en en préparant un autre, choix de s'éteindre ou de rallumer un nouveau feu ou vie
107.	Cendres.................	Fin, mort, témoigne de ce qui a été vivant, détachement de ce qui a été, crée un terrain propice à la renaissance-résurrection, renaître de ses cendres
108.	Feu de camp........... Feu de foyer Feu de joie	Chaleur, confort, réchauffement, intimité, partage, nouvelles rencontres, gaieté, sérénité, libération d'un poids, relaxation, rassemblement, maîtrise du feu, célébration du solstice d'été (Feu de la St-Jean)
109.	Feu sacré................	Feu sacré des solstices et équinoxes, roue de médecine, rituel de guérison, rituel de transmutation, gratitude pour le Père-Ciel, la Mère-Terre, les directions, les éléments et la vie
110.	Feu de circulation...	Circulation, convention universelle, sécurité, carrefour, traversée, signalisation, avancer, ralentir, arrêter, permission, prudence, interdit, loi
111.	Feux d'artifice..........	Célébration, festivité, émerveillement, fleurs dans la nuit, splendeur de l'éphémère, extravagance

L'air

112.	Air.......................... Souffle Respiration	Spiritualisation, domaine de l'Esprit, respiration, souffle vital, monde subtil entre le ciel et la Terre, vie invisible, expansion, se remplit, purification, évaporation, milieu de transmission de la lumière, du son, des odeurs, des couleurs, des communications, des vibrations, de l'envol, de la légèreté, de l'imagination, de la liberté... liberté aérienne, liberté d'être, libre comme l'air, ce qui nous relie les uns aux autres, ouverture
113.	Vent....................... Brise Coup de vent	Souffle de l'Esprit, influx spirituel céleste, messager, véhicule de l'Esprit divin, souffle de la parole et du Verbe, ailes du vent porteuses des messages et des odeurs, approche des messages (brise), espace pour créer, ce qui engendre l'espace, support du monde, régulation de l'équilibre de la pensée du Ciel et de la morale terrestre, annonce d'événement important à venir, vent de changement, transformation qui approche, oxygénation des masses d'eau
114.	Tempête.................	Action puissante, vanité, transport des sédiments et végétation, érosion, agitation, instabilité, inconstance

Alex découvre son totem

Symboles-Archétypes	Nom	Mots-clés symboliques
115. 	Tornade................ Siphon Cyclone Ouragan	Changement intense, tournant décisif, événements importants qui bouleversent le quotidien, bouleversement émotionnel,, vortex, tourbillon, changement de force et de direction, changement de pression, provoque l'implosion et l'éclatement par la différence de pression, combinaison de vent ascendant important dans une masse d'air instable + vent de surface qui facilite la concentration verticale + courant descendant de précipitation + inversion de température
116.	Girouette............... Anémomètre	Direction du vent, variation du vent, enseigne, identification du métier ou lieu
117. 	Éolienne................ Moulin à vent	Mouvement créé par le vent, conversion d'énergie, utiliser l'énergie de la nature, conversion de l'énergie mécanique du vent en énergie électrique ou autre forme d'énergie utilisable
118. 	Cerf-volant.............	Objectif en restant les pieds sur Terre, force aérodynamique, équilibre des forces aérodynamiques-poids-tension de retenue, équilibre du mouvement, légèreté, joie, enfant intérieur, s'amuser, jouer avec le vent en restant les deux pieds sur Terre
119. 	Ventilateur.............	Mouvement pour créer du vent, conversion de l'énergie électrique en énergie mécanique de mouvement de l'air, rafraîchissement, déplacement de l'air, confort, vent artificiel

La maison

120. 	Maison..................	Soi symbolique, représentation de soi, représentation de son propre monde, centre du monde personnel, image de son univers, être intérieur, états de l'âme, espace personnel, loge, pavillon, édifice, appartement, abri
121. 	Château................	En hauteur, clairière d'une forêt, demeure solide, accès difficile, protection, sécurité, isolement, séparation du reste du monde, inaccessible, transcendance, protection de la transcendance spirituelle, pouvoir mystérieux, réalisation des rêves, accomplissement, illumination à la cime des monts, destinée accomplie, voir grand

Chapitre 7 - Découvre les symboles totem

	Symboles-Archétypes	Nom	Mots-clés symboliques
122.		Palais	Maison, magnificence, trésor, secret, demeure de souverain, refuge des richesses, pouvoir, fortune, orientation cosmique, symbolisme du corps humain et des chakras, combinaison matérielle et harmonie, au centre d'un univers (région, pays), axe central, réunit l'inconscient (secret) + conscient (puissance, science) + subconscient (trésor, idéal)
123.		Temple	Reflet du monde divin, à l'image de la représentation humain du monde divin, répliques terrestres des archétypes célestes selon les cultures et religions, observation du mouvement des astres, habitation du divin sur la Terre, cultes, symbolique géométrique (carré pour la Terre et cercle pour le ciel)
124.		Pyramide	Tombeau des rois, demeure des croyances reliées à la vie et la mort, géométrie alchimique, lieu d'énergie dynamique, symbole mathématique de la croissance vivante, immortalité
125.		Tente Tee-Pee	Habitation du nomade, présence du ciel sur Terre, protection du Père-Ciel, lieu sacré où le divin est appelé à se manifester, rendez-vous,
126.		Hutte	Habitation du nomade, voyageur, existence corporelle et terrestre initiatique, temporaire,
127.		Igloo	Habitation, dôme, bloc compact de neige pressée par le vent, isolation du froid et de l'humidité, construction en spirale, adaptation au froid
128.		Fondation	Bases personnelles, concept de soi, valeurs, croyances, identité, spiritualité, inconscient, instinct, répartition des charges de la structure, protection des infiltrations et tassements de terrains, fondations superficielles et profondes
129.		Toit	Élévation de l'esprit, tête, esprit, conscience consciente, apparence
130.		Grenier	Aller vers le haut directement sous le toit (tête), volonté de savoir, monde de la connaissance, prospérité matérielle et intellectuelle, souvenirs
131.		Mur	Mettre des limites, fonction d'apparence, propriété, protection, défense ou pour nommer un espace infranchissable, structure pour séparer ou délimiter l'espace, frontière, matériel, végétal, psychique, imaginaire ou symbolique, obstacle

Alex découvre son totem

Symboles-Archétypes	Nom	Mots-clés symboliques
132.	Porte	Ouverture, lieu de franchissement, accès à un autre espace, passage entre deux états, deux mondes, le connu et l'inconnu, la lumière et les ténèbres, invitation à la franchir, initiation vers un «au-delà», entrer dans un espace fondamental, se referme et oblige à aller de l'avant, Porte du ciel
133.	Fenêtre	Ouverture, observation, éclairage, luminosité, aération, passage, sécurité incendie, transparence, décoration, laisser entrer la lumière du jour, ouverture du coeur, de l'âme, de l'esprit, de l'Être, ouverture sur le monde et l'univers, opportunité, choix, liberté de décision, liberté d'être
134.	Cheminée	Voie de communication mystérieuse, passage du Père Noël, relie deux mondes, la fumée qui s'échappe témoigne de la vie terrestre dans la maison, le vent qui s'engouffre dans la cheminée lorsqu'elle n'est pas chauffée vient du ciel, canal par lequel passe le souffle qui anime le foyer, aspire la flamme, stimule le feu, lien social, lieu de rassemblement des Anciens et Sages
135.	Balcon	Regard extérieur, regard sur l'autre, regard sur l'inaccessible, communication à distance entre deux niveaux de hauteur, de perception ou de conscience
136.	Clôture	Barrière ou obstacle fait par les hommes, mettre des limites, contenir, régulation de ce qui entre et ce qui sort, protection de l'intimité, propriété
137.	Arche	Entrée vers quelque chose de précieux et sacré (symbolique aussi pour les arches de Noé et l'Arche de l'Alliance), entrée dans un espace protégé ou un sanctuaire, trésor de connaissance et de vie, plénitude, accueil par le coeur
138.	Cuisine Salle à manger	Transformation des aliments et de ce qui est donné par la nature, lieu de transmutation, évolution intérieure, transformation psychique, alchimie, foyer vivant de la maison, rassemblement, échanges nourrissants, lieu de dégustation
139.	Salon	Accueil, réception, rencontre, repos, détente, dynamisation, ce qu'on expose au grand jour et accepte de partager avec les autres
140.	Salle de bain Toilette	Prendre soin et assainir le corps et l'âme, intimité, se libérer et évacuer ce qui n'est plus nécessaire

Chapitre 7 – Découvre les symboles totem

	Symboles-Archétypes	**Nom**	**Mots-clés symboliques**
141.		Chambre	Intimité, initiation, intériorisation et progression vers le sacré, retour à l'intérieur de soi, repos et régénération, vie émotionnelle intime et sensible
142.		Sous-sol / Cave	Instinct, inconscient profond, ancrage les deux pieds sur Terre, stabilité, secrets de famille, refuge
143.		Plancher	Où on marche, lien à la Terre, enracinement les deux pieds sur Terre
144.		Plafond	Ce qui couvre, ce qui protège, le Ciel, ce qui est au-dessus de soi
145.		Escalier	Changer d'étage, changer de niveau de conscience, gravir, descendre, voie de progression déjà tracée, effort pour se connaître sur tous les plans, accès, solidité intérieure pour se déplacer à l'intérieur de soi, accès au monde construit par les hommes
146.		Échelle / Escabeau	Escalier rudimentaire, accès à des niveaux supérieurs, gravir des échelons, chemin personnel, accès à de nouveaux espaces et dimensions
147.		Pilier	Force de soutien, résistance, éternité, soutient ancré dans la Terre et aligné avec le ciel, axe, convictions, cohésion, vérité, support, solidité
148.		Table	Repas, échange, partage, équilibre, stabilité, socialisation, onde, ensemble harmonieux, réunion et action commune au sein du monde
149.		Chaise / Banc	Stabilité, assise, se déposer, calme, rassemblement, force de soutien, s'asseoir, individuel ou public, bercer (chaise berçante)
150.		Fauteuil / Divan / Canapé	Assise, stabilité, s'asseoir pour s'intérioriser, s'asseoir pour partager, vie familiale et sociale, transformation, trouver sa place
151.		Lit	Repos, sommeil, récupération, régénération, rêves, lieu des communications conscient-inconscient, intimité, s'abandonner, rééquilibrer la journée
152.		Bain / Douche	Laver, nettoyer, purification, détente, régénération, immersion, nettoyage de fond, circulation de l'énergie, baptême

Alex découvre son totem

Symboles-Archétypes	Nom	Mots-clés symboliques
153.	Miroir	Reflet, image extérieure, miroir de l'âme, image intérieure, invitation à s'arrêter un instant, voir la vérité, plonger à l'intérieur de soi, regarder les choses en face, découvrir qui on est vraiment
154. 	Cour Jardin	Représentation idéalisée du monde intérieur et des richesses enfouies, jardin secret, lieu de rencontre du masculin et du féminin, de la structure et fertilité avec la beauté et la sensibilité, lieu de régénération, ressourcement, apaisement, contact avec la nature, reconnecter avec sa nature personnelle

Le transport

155.	Chemin Route Allée	Voie de déplacement, avancer dans une direction, évolution intérieure et spirituelle, voies possibles, destination, destinée, voyage intérieur, chemin de vie, mouvement de vie, choix, décision, circulation
156. 	Pas	Avancer, marcher, se déplacer, autonomie, passer à l'action, faire un pas, une étape à la fois, cheminement progressif
157. 	Automobile	Véhicule personnel, corps, évolution en marche et ses péripéties, adaptation à l'évolution, conduire, maîtrise de soi, autonomie, capacité saine de respecter des règles par nécessité sociale, mécanique de l'existence et de l'analyse, se déplacer, mouvement d'une destinatin à une autre selon le choix du conducteur
158.	Taxi	Véhicule public, mouvement d'une destination à une autre, être accompagné pour certaines étapes du chemin, faire confiance
159.	Camion	Véhicule qui porte des charges utiles ou précieuses, contenu psychique, lien avec des compagnons de route
160. 	Autobus Autobus scolaire	Véhicule public, trajet fixe ou obligé à moins d'être nolisé pour aller vers une destination choisie, être porté par la vie sociale et collective, contact social dans l'évolution personnelle, avancer dans un chemin avec un guide qui conduit et accompagne, confiance au conducteur-guide, chemins et parcours obligés, capacité de leadership sain (bon conducteur), veiller à la sécurité des passagers et des personnes que l'on accompagne jusqu'à une destinatin convenue

Chapitre 7 - Découvre les symboles totem

Symboles-Archétypes Nom Mots-clés symboliques

161. Train / Tramway — Mouvement et déplacement, chemins fixes et trajets obligés, service public, regroupe des personnes qui ne se connaissent pas pour un certain parcours-temps, organisation ponctuelle, ordre et hiérarchie rationnelle et impersonnelle, vie universelle, vie collective, vie sociale, poursuite du destin, communication et échange, évolution psychique, matérielle et spirituelle, prise de conscience qui amène vers une nouvelle vie, saisir les opportunités, conscient (locomotive) qui entraîne et conduit là où nous devons aller, énergie dynamique, libérer les poids inutiles par détachement, dépouillement intérieur des attaches, croyances, émotions et soucis, conserver l'essentiel, valeurs spirituelles et personnelles

162. Métro — Train avec des chemins fixes et trajets obligés, chemins de l'inconscient avec des repères visibles, flexibilité de destination par les correspondances possibles, monde sous-terrain, voyage, intégration d'un événement

163. Motocyclette — Façon de se déplacer et de diriger sa vie, indépendance, libération de certaines contraintes et autorité, dépense d'énergie, demande de la prudence et vigilance, vulnérabilité

164. Vélo / Bicyclette — Véhicule dépendant de notre énergie pour avancer, effort personnel à contribuer pour aller de l'avant, autonomie dans la vie intérieure et extérieure, équilibre en allant de l'avant, trouver sa propre personnalité et son rythme personnel, va où il veut aller, choix de la destination

165. Calèche / Diligence — Mouvement et déplacement, transport collectif, accompagnement par un guide (cocher), choix de la destination,

166. Avion — Véhicule, lévitation, envol, aspiration spirituelle, libération de l'être de son moi terrestre en accédant, voyage, pont entre deux endroits éloignés, changement de lieu et d'état, surmonter les obstacles terrestres, s'élever vers sa destinée, changement de vie ou d'état personnel

167. Ballon dirigeable — Se laisser porter par les courants d'air en s'aidant mécaniquement, s'élever au-dessus de la réalité terrestre, survoler avec lenteur

Alex découvre son totem

Symboles-Archétypes	Nom	Mots-clés symboliques
168.	Montgolfière	S'élever, se laisser porter par les courants d'air, aller là où le vent nous mène, laisser-aller ce qui n'est plus nécessaire et continuer le voyage, aller vers un état de liberté naturelle
169.	Hélicoptère	Mouvement, désir de maîtriser sa vie en évolution, attitude mentale qui déploie beaucoup d'énergie pour le chemin parcouru, peut avancer, faire du sur-place et tourner en rond, accès à des régions difficiles d'accès, peut collaborer à des sauvetages et ravitaillements, maîtrise de soi difficile
170.	Téléphérique	Remontée mécanique par câble aérien, cabine fermée, ouverte ou sièges, accès aux sommets élevés, transport en commun pour les activités sportives et de plein air en haute altitude ou pour la traversée aérienne de gorges profondes, simplifier le déplacement entre des zones dénivelées ou difficiles à traverser par la voie terrestre, détente ou transport utile, vue panoramique
171.	Fusée	Grande énergie pour s'élever, aller vers plus grand que soi, tendance à s'exprimer de façon extravertie, se libérer de l'attraction terrestre, se détacher des liens maternels, se libérer de la pesanteur, de ce qui est lourd dans notre vie, puissance, esprit de conquête, volonté d'autonomie
172.	Bateau	Véhicule vivant, traversée des émotions et sentiments, changement de lieu et d'existence, écrire une nouvelle page de son histoire de vie, départ, traversée et arrivée, espoir vers une nouvelle vie, nouveau cap, direction, communauté et bagage matériel réduit, opportunité
173.	Barque Chaloupe	Véhicule de passage, aller vers l'autre rive, passage obligé, d'un état à un autre, véhicule de l'âme de défunts pour accéder à l'au-delà, abandonner une vieille peau et transformation importante, mort et renaissance initiatique, réussir les passages de l'existence, faire le deuil du passé pour vivre ici et maintenant et s'ouvrir à l'avenir, passage solitaire la plupart du temps, tout abandonner pour renaître
174.	Sous-marin	Introspection, plongée intérieure, plongée en soi, découverte de la richesse intérieure, apprivoiser le contact avec les sentiments et émotions, contemplation de l'inconscient, capacité d'atteindre des bas fonds et de refaire surface

Chapitre 7 – Découvre les symboles totem

Symboles-Archétypes	Nom	Mots-clés symboliques

L'énergie et les 4R

175.  Énergie....................

Atomique Charbon Solaire Éolienne Gazoduc

Géothermie Électricité Eau chaude Essence

Batterie Cristaux Feu Eau Bois

17  4R............................
Recyclage
Récupération
Réutilisation
Réduction

Recyclage ....Récupération........ Compostage

PETE HDPE V LDPE PP PS

1 - PETE: polyéthylène terephtalate
2 - HDPE: polyéthylène haute densité
3 - V: chlorure de polyvinyle (PVC)
4 - LDPE: polyéthylène basse densité
5 - PP: polypropylène
6 - PS: polystyrène

Recyclage: Verre, Papier, Carton, Plastique, Métal
Compostage: fruits, légumes, plantes, gazon

Sécurité en zone scolaire et pour les piétons

177. Sécurité.................
pour les enfants,
adolescents et
piétons

Alex découvre son totem

Symboles-Archétypes	Nom	Mots-clés symboliques

La médecine

178. Médecine................

  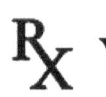
Caducée   Hôpital   Pharmacie   Dentiste

Croix-Rouge Ambulance Premiers soins Poison

Lieux publics

179. Lieux publics...........

Information Toilettes Téléphone Vestiaire Casiers

Poste   Objets perdus   Poubelle   Accès ch.roulante

Restauration............................ Aire de pique-nique

Escaliers   Escaliers roulants   Ascenseur

Comptoir   Billets   Bagages   Douane   Passeport

Passage   Téléphone Stationnement   Eau
piétonier d'urgence   Hébergement potable

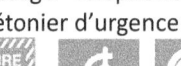
Alarme Extincteur Boyau Échelle Téléphone Sortie

Chapitre 7 - Découvre les symboles totem

Symboles-Archétypes Nom   Mots-clés symboliques

La musique

179.    Notation musicale .. Symboles universels de notation musicale: clés, tempo, notes, silences, portée, rythmes...

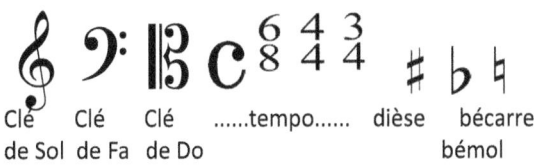

Clé   Clé   Clé   ......tempo......   dièse   bécarre
de Sol de Fa de Do   bémol

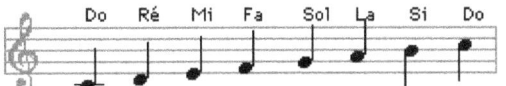

Portée musicale et les notes Do Ré Mi Fa Sol La Si

Temps:	4	2	1	1/2	1/4	1/8	1/16
Notes:	Ronde		Noire		Double	Triple	Quadruple
		Blanche		Croche	Croche	Croche	Croche

Temps:	4	2	1	1/2	1/4	1/8	1/16
Silences:	Pause		Soupir	Demi	Quart	Huitième	Seizième
		Demie-pause		Soupir	Soupir	Soupir	Soupir

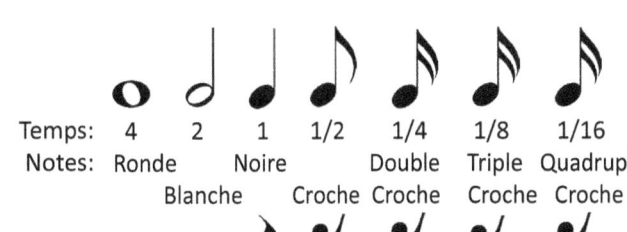

Mordant Trille   Gruppetto Barres de reprise Renvoi

Point d'orgue   Accentuation   Pédale début-fin

très très faible....................très très fort

Dénomination   Largo   = 40-60 Hz   ...Très très lent
universelle des   Larghetto   = 61-65 Hz   ...Très lent
rythmes musicaux   Adagio   = 66-75 Hz   ...Lent
                   Andante   = 76-108 Hz   ...Modéré
                   Moderato   = 109-120 Hz ...Modéré
                   Allegro   = 121-170 Hz ...Vif
                   Presto   = 171-200 Hz ...Pressé
                   Prestissimo = 201-208 Hz ...Très pressé

Symboles-Archétypes	Nom	Mots-clés symboliques
Les nombres et la géométrie		
180.	0	Don intérieur, tout est possible, vide, rien, libre, neutralité, point de départ, demande sagesse, confiance et courage pour faire un pas dans le vide, à la recherche des secrets de la vie, recherche la lumière spirituelle, ouverture, possibilité pour un grand saut, écouter la voix de son propre cœur Géométrie: vide
181. ●	1	Créativité, 1re étape, semence, début, commencement, impulsion créatrice, préparation, printemps, seul, autonomie, réalisation, confiance en soi, confiance en la vie, conscience de soi, volonté de prendre des risques, action, communication, génie unité, divinité, plénitude Géométrie: le point
182. ───	2	Coopération, 2e étape, germination, simplicité, intuition, équilibre, perception intérieure, discipline, travail d'équipe, partenariat, soif d'apprendre, multiplicité, mettre des limites, polarité, se définir par rapport à l'extérieur, se faire confiance avant de faire confiance aux autres, s'aimer et être en paix avec soi pour aimer et être ne paix avec les autres Se tenir debout et dignité (verticale) Calme, repos, tranquillité, vision (horizontale) Dynamisme, chute, glissement (oblique) Souplesse, douceur, énergie féminine, yin (courbe) Géométrie: la ligne
183. △	3	Expression, 3e étape, croissance, accueil, intuition, sensibilité, vulnérabilité, se faire voir, s'épanouir avec prudence, créativité, imagination, activité, action, mouvement, énergie, synthèse, intégration des apprentissages de la dualité, renouveau, santé, effort récompensé, richesse intérieure et extérieure, corps-âme-esprit, libération, connaissance et renaissance, Trinité Géométrie: le triangle
184. □	4	Stabilité, 4e étape, enracinement, prendre soin de ses racines, structure, sécurité, bâtisseur, force d'équilibre, solidité, méthode, organisation, consolidation, objectivité, détermination, concret, réalisation, matérialisation, manifestation, lois de l'univers, frontières, points de repère, se préparer

Chapitre 7 – Découvre les symboles totem

Symboles-Archétypes	Nom	Mots-clés symboliques
	4 (suite)	pour un nouveau cycle, espace vital, autorité, autodiscipline, énergie masculine, yang, Terre Géométrie: le carré
185. (pentagone)	5...............	Liberté, 5ᵉ étape, floraison, étoile à 5 branches, extrémités du corps (2 pieds + 2 mains + 1 tête), discipline, opportunités, choix, récolte, expansion, progression, été, célébration, moment présent, vitalité, bonté, vocation, grande transformation, maison de l'âme qui redevient consciente et s'exprime à nouveau, connaissance, centre Géométrie: le pentagone
186. (hexagone)	6...............	Vision, 6ᵉ étape, fruits, partage de la récolte, remplir sagement, générosité, acceptation, lumière du soleil intérieur, amour, harmonie intérieure, harmonie familiale et sociale, rayonnement de soi avec les autres, prise de conscience à travers les relations, transformation de l'individualité, interdépendance, sensibilité Géométrie: l'hexagone
187. (heptagone)	7...............	Foi, 7ᵉ étape, gratitude, reconnaissance, °ralentir, recul, relaxer, automne, s'amuser, perfectionnement, réorganisation, transmutation, accomplissement, force intérieure, réflexion, discernement, intériorité, recherche de la puissance intérieure, transformation positive, nouveau commencement, chemin spirituel Géométrie: l'heptagone
188. (octogone)	8...............	Abondance, 8ᵉ étape, récolte, récompenses des sept années précédentes, fruit du travail accompli, roue de la vie, puissance, pouvoir personnel, respect de soi, changement profond, organisation à partir de ses valeurs intérieures, passer de l'amour du pouvoir à la puissance de l'Amour, l'Amour est la solution, l'Amour guérit, Service divin, action et transformation équilibrée et dans le respect des lois de l'univers, infini Géométrie: l'octogone
189. (nonagone)	9...............	Intégrité, 9ᵉ étape, achèvement, sagesse, réflexion, fin et commencement, aboutissement, préparation à un nouveau cycle, hiver, humanisation, puissance psychique, transmutation, potentiel en devenir, bonheur Géométrie: le nonagone et arbre de Séphiroth

Alex découvre son totem

Symboles-Archétypes Nom   Mots-clés symboliques

190. 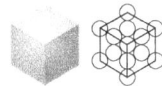 Solide de Platon ..... Cube
6 carrés
Le carré-cube symbolise la structure, la stabilité, l'intériorité, la terre, la confiance en soi et la vie, la matérialisation, l'enracinement, les repères.

191.  Solide de Platon...... Tétraèdre
4 triangles équilatéraux
Le triangle symbolise l'unité et l'harmonie.
Le tétraèdre symbolise l'humilité, la spontanéité d'action pour matérialiser la spiritualité, la volonté

192. 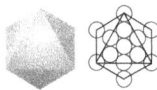 Solide de Platon...... Octaèdre
8 triangles équilatéraux
L'octaèdre symbolise l'unité et l'harmonie de l'action et dans toutes les directions, l'intuition, paix et connaissance par la maîtrise des émotions

193. 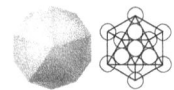 Solide de Platon...... Icosaèdre
20 triangles équilatéraux
L'icosaèdre symbolise l'authenticité, l'énergie physique et psychique, l'unité et l'harmonie dans les communications, l'action en douceur.

194. 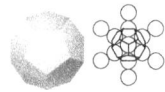 Solide de Platon...... Dodécaèdre
12 pentagones réguliers
Le pentagone symbolise la liberté. Le dodécaèdre symbolise le contact avec l'origine, l'évolution spirituelle, les forces subtiles, l'unité enracinée.

195. 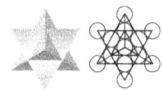 Étoile tétraédrique..
2 tétraèdres imbriqués l'un dans l'autre, un pointé vers le ciel et l'autre vers la Terre.
L'étoile tétraédrique symbolise l'unité-harmonie du masculin et du féminin dans la lumière.

196. 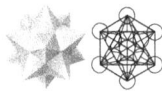 Dodécaèdre étoilé..
Dodécaèdre avec des pointes constituées de 5 triangles sur chaque facette de pentagone.
Le dodécaèdre étoilé symbolise l'expansion et le rayonnement de la lumière de façon équilibrée et harmonieuse.

197. 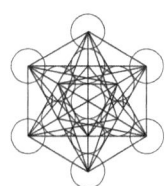 Cube de Métatron..
Le cube de Métatron est construit en reliant les centres des 13 cercles du Fruit de vie, créant ainsi les cinq solides de Platon. Ces cinq formes et leurs combinaisons sont les bases de toutes les structures de l'univers, de la division cellulaire, de la vie.

Chapitre 7 - Découvre les symboles totem

Symboles-Archétypes	Nom	Mots-clés symboliques
198. $\phi = 1.6180339887499...$ $\phi = \dfrac{1 + \sqrt{5}}{2}$	Nombre d'or............ Symbole Phi ϕ	Soit deux grandeurs a et b, et a + b = c Rapport de deux grandeurs a et b où a/b = b/c Synonymes: proportion divine, section d'or, rapport doré
199.	Spirale d'or............. Spirale de Fibonacci	Spirale logarithmique basée sur le nombre d'or Cette spirale est décrite par la suite de Fibonacci: 0, 1, 1, 2, 3, 5, 8, 13, 21, 34, 55, 89, 144, ... Schéma d'évolution, déploiement d'une force ou d'un état, ouverture, continuité et progression cycliques, mouvement de la création, expansion du centre vers l'extérieur, concentration de l'extérieur vers le centre
200.	Rectangle d'or.........	Rectangle dont le rapport de la hauteur à la longueur est égal au nombre d'or, expansion de conscience en respectant l'ordre divin
201.	Triangle d'or............	Triangle isocèle dans le rapport entre la base et le côté est égal au nombre d'or. Les angles à la base mesurent 72 degrés et l'angle du sommet mesure 36 degrés. Lorsqu'il est divisé en deux triangles plus petits, les triangles résultants sont également des triangles d'or.
202.	Cercle.....................	Le cercle symbolise le ciel, les cycles, la vie, le sacré, l'évolution, l'unité, le rassemblement, la continuité, chaque point peut être le début et la fin, instant présent, passage La sphère symbolise la mère, le tout, l'intuition, la manifestation, le ressenti, la compassion.
203.	Semence de vie.......	La semence de vie symbolise le processus de la création, la formation et la croissance du foetus.
204.	Oeuf de vie.............	L'oeuf de vie symbolise le processus de la naissance, la croissance, l'enfance, l'adolescence.
205.	Fleur de vie.............	La fleur de vie symbolise la matrice de la création, l'épanouissement et l'expansion de la vie, la maturation adulte. C'est un symbole secret retrouvé dans plusieurs religions.
206.	Fruit de vie.............	Le fruit de vie est issu de 13 cercles de la fleur de vie. Il symbolise la source sacrée de tout ce qui existe, l'abondance de la vie, le retour à la simplicité, la sagesse de l'expérience, le rayonnement de Soi.

Alex découvre son totem

Symboles-Archétypes	Nom	Mots-clés symboliques
Les personnes		
207.	Foetus, Embryon	Préconception, conception, intra-utérin, accouchement, croissance, incarnation, naissance, projet de vie, passage, potentiel en devenir
208.	Bébé, Petit enfant	0-5 ans, naissance, nouvel être, nouvelle vie, source de joie, pureté, spontanéité, nouvelle facette, épanouissement, émerger, apparaître, prendre soin, protéger et nourrir
209.	Enfant	5-12 ans, enfance, rêve, imagination, apprentissage, développement, vitalité, expression, découverte, jeu, créativité
210.	Adolescent	13-19 ans, développement de l'autonomie, épanouissement de la conscience de soi, valeurs personnelles, action, énergie, apprentissages, regard vers l'avenir, maturation, créateur d'avenir
211.	Adulte	20-70 ans, réalisation, accomplissement, conscience de soi, création, projets de vie, autonomie, développement personnel, maturité, priorités, choix
212.	Aîné	70+ ans, maturité, sagesse, recul, observation passive et active, action basée sur l'expérience et les rêves à réaliser, guidance, accompagnement, mentor
213.	Famille	Parents, enfants, lignée, génération, héritage, chemin de vie, partage, cycle dépendance-codépendance-indépendance-interdépendance, école de vie
214.	Foule	Masse de gens, anonymat, mouvement collectif, passer inaperçu, se démarquer

Chapitre 7 - Découvre les symboles totem

Chapitre 8
Sois qui tu es

Alex venait de regarder les documents que le Grand-père Révélation lui avait remis. Il se sentait profondément content d'avoir reçu un tel cadeau, en plus de tout ce qu'il avait appris depuis le début de cette rencontre.

« Merci Grand-père Révélation. Merci beaucoup ! » dit Alex. « Tu m'as enseigné et partagé beaucoup d'outils pour découvrir mon animal totem et mieux me connaître. »

« Merci à toi aussi Alex. Jusqu'à maintenant, nous avons exploré certains chemins pour découvrir qui tu es. Lorsque tu es bien connecté avec la sagesse de ton cœur, ton chef d'orchestre, il peut te guider et t'inspirer pour accueillir les médecines et puissances de vie qui sont déjà en toi, et qui te sont révélées par les animaux, arbres, couleurs et symboles totems que tu as choisis.

Et lorsque cette belle énergie d'unité avec la vie et la puissance de l'Amour émergent en toi, tu peux consciemment créer une version améliorée de toi-même et contribuer à créer un monde meilleur. »

« Wow ! Ce que tu me dis est tellement grandiose. Je souhaite de tout mon cœur que plus de personnes puissent te rencontrer. Plus chacun va reconnaître qui il est vraiment, s'aimer et se faire confiance, plus le miracle de nos rêves les plus lumineux pourra se réaliser sur la Terre. »

« Oui Alex. Tout commence une personne à la fois. Plus il y aura de personnes qui seront véritablement en paix individuellement, plus la Paix collective émergera naturellement sur la terre. »

« Merci Grand-père Révélation. Ce serait vraiment merveilleux d'écrire ce que tu viens de me dire sur une grande banderole et de l'afficher à la maison, à l'école ou dans d'autres lieux appropriés. J'imagine déjà une belle banderole que je pourrais faire à l'école avec mes amis et qui serait décorée avec le symbole de la paix et les animaux totems de chacun de nous ! »

« C'est une belle idée Alex ! Avec la puissance de l'Amour, tout est possible ! La créativité qui vient du cœur est infinie et elle éveille la joie en nous et autour de nous ! »

« Oh oui, c'est vraiment amusant de créer ! Pour moi, c'est comme une clé magique qui me permet de me sentir vivant ! Grand-père Révélation, tu es vraiment un être sacré merveilleux. »

« Toi aussi tu es un être sacré merveilleux, et comme tu l'as dit toi-même, tu es un être d'Amour, même s'il t'arrive parfois de l'oublier. Alors, fais-toi confiance et sois qui tu es ! »

Je suis un Être d'amour,
même si je l'ai parfois oublié.
J'ai confiance en moi.
Je suis qui Je Suis.

Chapitre 8 – Sois qui tu es

Chapitre 9

Dis merci !

« Merci Grand-père Révélation. »

« Merci Alex. Merci de toute la gratitude que tu exprimes par ton grand respect de la vie, de l'Amour que tu es et de l'Amour infini présent sur la Terre et dans les univers.

Lorsque tu cultives l'état et l'expression de la gratitude vraie et sincère qui vient du cœur, tu ouvres de bien belles portes sur le chemin de ta vie. Ainsi l'Amour peut venir jusqu'à toi, t'envelopper, prendre soin de toi avec douceur, te libérer et te guérir de la peine et de la souffrance, et te remplir d'amour, de paix, de joie et de ce qui est bien et bon pour toi.

Tu peux faire cela simplement par tes sentiments de gratitude, en disant merci, par un sourire, un regard, une parole, un geste, une présence aimante, un état de compassion.

Alex, tu es un être d'Amour merveilleux et je suis honoré de t'avoir rencontré aujourd'hui. Je te souhaite une belle vie et d'être profondément heureux, en paix et en santé. Merci. Je t'aime. »

« Oh merci Grand-père Révélation ! Toi aussi tu es un être d'Amour merveilleux et je suis rempli de gratitude pour tous les cadeaux et bénédictions que tu m'as offerts.

Quand je t'ai rencontré, j'avais besoin de me sentir bien et en paix avec moi-même, même si je n'avais rien à faire. Je ressentais le besoin d'être accompagné et guidé avec amour pour découvrir qui je suis, m'aimer de plus en plus, aimer et accepter d'être aimé. Et tu m'as aidé dans tout cela. Tu as été présent pour moi et je l'apprécie énormément. Merci. Et tu sais, Grand-père Révélation, le plus bel enseignement que j'ai reçu aujourd'hui, c'est celui de l'exemple vivant que tu es.

Merci, merci, merci. Moi aussi je t'aime. »

Dis merci.

Chapitre 9 – Dis merci

Exercices

 **Étape no.1 - Ton animal totem**

Assois-toi confortablement.
Prends trois grandes respirations.
Inspire par le nez et expire par la bouche...
Amène ton attention au niveau du cœur et
continue de respirer à un rythme régulier et paisible.
Demande à ton cœur de te guider vers le meilleur pour toi
et de t'aider à découvrir ton totem personnel.

Quel animal choisirais-tu pour te représenter ?

_____

Écris maintenant dix qualités de cet animal

_____
_____
_____
_____
_____
_____
_____
_____
_____
_____

Exercices

 Étape no.2 – Un dessin incluant toi-même, un arbre, ton animal totem, les animaux qui t'inspirent de la force intérieure, de la sagesse, de l'équilibre et ce qui te permet d'être bien dans ta peau, et les couleurs que tu aimes et qui te font du bien.

Alex découvre son totem

  Étape no.3 – J'observe mon dessin, j'accueille ce qu'il m'apprend sur moi-même et je fais des ajustements si je le désire.

Exercices

Références

Animaux
- Les cartes-médecine, découvrir son animal-totem - Jamie Sams et David Carson, Éditions Amrita, 1994
- Tarot de la sagesse animale - Ted Andrews, Éditions du Roseau, 2000
- Les animaux totems – Chris Lüttichau, Éditions Contre-dires, 2010
- Le peuple animal – Anne Givaudan, Daniel Meurois, Éditions Le Passe Monde, 2009
- La symbolique des aliments – Christiane Beerlandt, Beerlands Publications, 2005
- Dictionnaire des symboles – Jean Chevalier, Alain Gheerbrant, Éd. Robert Laffont, 1982
- Abécédaire du langage des animaux – Georges Lahy, Éditions Lahy, 2004
- www.rouedemedecine.wordpress.com
- http://educ.csmv.qc.ca/mgrparent/vieanimale
- http://fr.wikipedia.org

Arbres et fleurs
- Les secrets thérapeutiques des arbres – Daniel Bado, Éditions Médicis, 2007
- Nature Speak – Ted Andrews, Édition Dragonhawk Publishing, 2004
- À chacun son arbre - causerie par Robert Internoscia, 24 mars 2002
- L'énergie des arbres - Patrice Bouchardon, Édition Le Courrier du Livre, 1999
- Le guide santé de votre armoire aux herbes – Danièle Laberge, L'Herbothèque, 1998

- L'utilisation des élixirs floraux - Danièle Laberge, L'Armoire aux herbes inc, 1995
- Les élixirs du Docteur Bach – Alicia Hart, Éditions Quebecor, 1998
- Élixirs floraux – Danièle Laberge, L'Herbothèque, 1995
- Grande encyclopédie des plantes et fleurs de jardin – Bordas, 1990
- Dictionnaire des symboles – Jean Chevalier, Alain Gheerbrant, Éd. Robert Laffont, 1982
- Cartes Les messages des fleurs
- www.treecanada.ca
- www.visoflora.com
- www.plantes-ornementales.com
- www.wikipedia.com
- http://fr.wikipedia.org
- http://lacour.pierre.free.fr
- http://thierry.jouet.free.fr/Sommaire/langagearbres.htm

Couleurs
- Les secrets de la chromothérapie – Suzan Bronson, Éditions Quebecor, 2011
- Dictionnaire de la symbolique des couleurs – Georges Lanoë-Villène, Ed.Mdv, 2011
- Les couleurs Vie-Énergie - William Berton
- La bible des couleurs – Réjane Massini-Frydig, Éditions Jouvence, 2009
- Se soigner par la chromothérapie – Martine Gay, Éditions De Vecchi, 2008
- Guide pratique des couleurs – Marie-Claire Rossignol, Éditions Cristal, 2006
- Nouveau Dictionnaire des Pierres utilisées en lithothérapie - Reynald Boschiero, 2006
- Nature Speak – Ted Andrews, Édition Dragonhawk Publishing, 2004
- Vivre mieux et guérir par les couleurs – André Schiemmer, Éditions Médicis, 2003
- Lire et interpréter l'aura - Sarah Bartlett, Guy Trédaniel Éditeur, 2000
- Se soigner et guérir par les couleurs - J.M.Weiss, M.Chavelli, Éd. Âge du verseau, 1993
- Les Pouvoirs de la couleur - Théo Gimbels, Éditions Primeur Sand, 1980
- http://www.vieytes.org/tcouleurnom.html
- http://fr.wikipedia.org
-

Symboles
- Le langage secret des symboles – David Fontana, Éditions de l'Homme, 2010
- La bible des signes et symboles – Madonna Gauding, Éditions Guy Trédaniel, 2009
- Dictionnaire des symboles, mythes et croyances – Corinne Morel, Archipoche, 2009
- Dictionnaire des symboles universels (Tome 1) – Henry Normand, Dervy Livres, 2008
- Dictionnaire des symboles universels (Tome 2) – Henry Normand, Dervy Livres, 2007
- Les quatre éléments... – Anne Da Costa et fabian da Costa, Éditions De Vecchi, 2005
- Du symbole et de la symbolique – R.A. Schwaller De Lubicz, Dervy Livres, 2002
- Le symbole – Luc Nefontaine, Dervy Livres, 2002
- Homme et symboles – Carl Gustav Jung, Éditions Robert Laffont, 2000
- Dictionnaire des symboles – Jean Chevalier, Alain Gheerbrant, Éd. Robert Laffont, 1982
- www.le regarddroit.com

Références

- www.racontezvosreves.com
- www.tristan.moir.free.fr
- www.antiochus.org
- www.revue.shakti.com
- www.mtq.gouv.qc.ca
- www.fr.freepik.com
- www.lexilogos.com
- www.wikipédia.com
- www.masterclip.com

Fleurs
- Les élixirs du docteur Bach - Alicia Hart, Éditions Québewcor, 1998
- L'utilisation des élixirs floraux - Danièle Laberge, L'Armoire aux herbes inc, 1995
- Cartes Les messages des fleurs
- www.plantes-ornementales.com
- http//lacour.pierre.free.fr
- www.wikipédia.com

Depuis longtemps, je rêve que les enfants...

Depuis longtemps, je rêve...
que les enfants puissent être ce qu'ils sont
qu'ils puissent vivre et être heureux, en paix et en santé
qu'ils puissent utiliser ce qu'ils sont pour contribuer à un monde meilleur

Depuis longtemps, je rêve...
que les enfants puissent s'enraciner les deux pieds sur Terre
qu'ils puissent se centrer dans leur coeur et s'aligner avec leur véritable identité spirituelle
qu'ils puissent s'incarner et habiter leur corps en toute sécurité

Depuis longtemps, je rêve...
que les enfants puissent reconnaître avec sagesse leur puissance de cocréation illimitée
qu'ils puissent réaliser leurs projets et passions du coeur
qu'ils puissent rayonner l'Amour, la Paix, la Joie, la Gratitude, etc. dans tout leur Être et à l'infini

Depuis longtemps je rêve...
que les enfants puissent découvrir et développer leurs dons, forces et talents
qu'ils puissent créer dans le respect des lois de l'univers
qu'ils puissent apprendre à vivre et à vivre ensemble

Depuis longtemps, je rêve...
que les enfants puissent apprendre et explorer la vie avec l'intelligence du coeur
que l'accueil sur la Terre, l'accompagnement et l'éducation puissent les aider dans ce chemin
qu'ils puissent croire en eux et avancer en Être debout

Depuis longtemps je rêve...
que les enfants puissent s'aimer totalement, profondément, inconditionnellement
qu'ils puissent avoir des pensées, paroles, actions et énergies positives et bienveillantes
qu'ils puissent vivre des relations humaines saines et animées par le langage du cœur

Depuis longtemps, je rêve...
que les enfants puissent avoir accès à des outils de cheminement personnel mis à leur portée
qu'ils puissent vivre ce pour quoi ils se sont incarnés
qu'ils puissent être ce qu'ils sont...

C'est le temps maintenant.
Pour les enfants, adolescents, jeunes adultes, adultes
Pour les indigo, arc-en-ciel, cristal
Pour ceux qui ouvrent leur coeur et leur conscience à la création d'un monde meilleur

Lucie Marcotte

www.ingramcontent.com/pod-product-compliance
Lightning Source LLC
Chambersburg PA
CBHW080451170426
43196CB00016B/2759